健康の法則を
自己の日常生活を通して
つかみ、活かす

『看護覚え書』に学ぶ
生活科学ワークノート

宮崎県立看護大学
小河一敏

はじめに

　皆さん、『看護覚え書』を役立てていますか？

　突然、こう問われてびっくりしたでしょうか？

　「あのナイチンゲールが書いた本だからと、入学してすぐ手にとったけれど、なんだか文章が難しくて……。それなのに、"読みましたか？"ではなく、"役立てていますか？"なのですか……？」

　こんな溜め息まじりの声が聞こえてきそうです。確かに、『看護覚え書』の「はじめに」はともかく「序章」は、1年生の皆さんが一人で読むには歯ごたえがあり過ぎるだろうな、と思います。

　でも、『看護覚え書』から遠ざかってしまった人にも、希望と期待をもって手にしたばかりの新入生の皆さんにも、もう一度声をかけたいのです。

　『看護覚え書』に学んでみませんか？　そして、役立ててみませんか？

　それこそがナイチンゲールの願いでした。このワークノートは『看護覚え書』を学び、役立てるためのモノです。

　自転車の補助輪にたとえれば、看護学生の皆さんが、『看護覚え書』という古典に学ぶスタートをスムーズに導くことが、このワークノートの役目なのです。

　まずは、このワークノートの目次に目を通してみてください。最初の数行だけでも構いませんから……。

　「あれ!?」となりましたか？　「この順番なら、もしかしたら私にも…」と思えてきたでしょうか？

　そう、最初に学ぶのは、本の一番後ろの「付録」に収められた「赤ん坊の世話」の章です。そして、「1．換気と保温」「2．住居の健康」……という順で読み進めていきます。この順番なら、それなりに具体的な像が描けるのではないでしょうか。そして、「序章」はこの「生活科学」の授業の後半、Part 3の総括でようやく取り上げます。

　「これでいいのですか？　どうしてこの順番なのでしょう？」と不思議に思う人もいることでしょう。そう、これでいいのです。どうしてか……については、「16.〔付録〕赤ん坊の世話」の最初の数行だけでも読んでみてください。それが答えとなります。

> 　さて、ここで私は、少女の皆さんにお話ししたいと思います。（中略）ところで、大人の看護についてこれまでお話ししてきたことはすべて、赤ん坊の世話にいっそうよく当てはまるのです。（フロレンス・ナイチンゲール『看護覚え書』改訳第7版, *p.267*, 現代社）

この当時の少女（「子守り奉公をしている人たちの半分が、五歳から二十歳までの少女である」『看護覚え書』p.272）に向けて『看護覚え書』の内容すべてをやさしく語っている「赤ん坊の世話」から学び始めるのが、いちばんだと思うのです。

　そして、「換気と保温」「住居の健康」……と1つ1つの章を丁寧に読み、クラスの皆さんと語り合い、自身の生活の1コマ1コマを見つめて、そこに適用することを積み重ねていくと、ナイチンゲールという人が何を伝えたかったのかがだんだんとわかってきます。2か月ほど経ったころには、あの難しかったはずの「序章」が「なんだ、こういうことだったのか……」とわかり始めるのです。

　「本当……？」と思わずつぶやいた人に、「本当なのです！」と力強く答えましょう。皆さんの先輩に当たる300人以上の学生と一緒に学んできて、自信をもってそう言えるのです。

　自己紹介が遅れました。

　私は宮崎県立看護大学で一般教養科目の「自然科学」を担当しています。看護学の教員ではありません。「えっ？　なのに、ナイチンゲール？」と意外に思ったでしょうか。

　このワークノートは、私が一般教養科目の自然科学分野として開講している「生活科学」の授業に則しています。学生の皆さんが看護実習に出る前に、まずはナイチンゲールの説く健康の法則をつかみ、それを皆さん自身の生活の中に適用していくことを体験的につかみとれるようになってほしいという思いを込めています。

　気がつきましたか？　ワークノートのタイトルは「『看護覚え書』に学ぶ生活科学」でしょう？　サブタイトルは「健康の法則を自己の日常生活を通してつかみ、活かす」です。他者への看護を学ぶ授業ではなく、「自分の生活を整える」、つまり、「セルフケア」を学ぶのです。それを『看護覚え書』を読み込みながら学んでいくからこそ、皆さんの将来に役立つ力になります。「『看護覚え書』はこんなに役立つんだ！」と、授業が進むにつれて実感できるようになるはずです。看護は他者のケアを行う専門職です。でも、「生活科学」で学ぶのはセルフケアです。

　今まで多くの学生たちの様子を見てきましたが、「看護を志して入学してきたはずなのに、この人自身、大丈夫かな？」と心配になる人が毎年何人か現れます。健康そうに見えるのに、ちょっとしたことで咳が出始めて、医師に診察してもらい、薬も飲んでいるのに、2か月経っても治らない、とか……。皆さんは、自分と友人たちを振り返って、「私は大丈夫！」と確信が持てますか？　入学からひとり暮らしを始めた方は「生活って、こんなに大変だったの……」となっていませんか？　あるいは、既に実習が始まった人のなかには「患者さんが待っているのに、私自身が風邪で実習に行けない……」と辛い思いをしているということはありませんか？

　「『看護覚え書』を役立てていますか？」と、まず皆さんに問いかけたのは、こういうこ

となのです。

　単に本を読んでそれで終わり、ではありません。どの章を読んでもわかってくるはずです。学び始めた途端に、「私の部屋の空気は？　窓は？　排水口は？　壁は？　カーペットは？　スリッパは？　タオルは？……」と身の回りを見て、ゾーッとしてくるはずです。そんな学びを授業で仲間と共有していくと、「あー、あれも危ない！　こっちは一体どうしよう？」とどんどん怖くなってきます。

　でも、心配しないでください。〈三人寄れば文殊の知恵〉といいます。仲間と真剣に話し合っていくうちに、解決法が必ず見つかります。「換気と保温」「住居の健康」……と1つ1つ学び、考えた内容から、自分の部屋を、生活を整えていく訓練を積んでいき、だんだんと健康度がアップしていきます。咳で2か月苦しんでいた学生も、2週間の生活改善を続けてマスクも取れ、回復しました。

　「生活科学」の目標や学び方が少し描けたでしょうか？

　自動車運転にたとえると、「生活科学」の授業は教習所のようなものです。事故を起こすことなく、一人で一般道や高速道路を走れるようになるための学びの場です。

　看護という専門職に就くや、教習所とは違って過酷なラリーのように山や谷や砂漠や小川といった道なき道、原野を何百、何千キロと走ることになるのです。しかも、患者さんを乗せて……。

　皆さんの目標は「看護」ですが、まず自分自身の健康を維持できなければ役目を果たすこともできません。自分で健康維持を実現できるようになれば、その体験を通した学びは他者の健康を守っていくときにも必ず役立つことでしょう。それを学ぶのが、「生活科学」なのです。

　さあ、皆さん、『看護覚え書』に学んでまいりましょう。

宮崎県立看護大学　普遍分野「自然界と看護」

小河 一敏

フロレンス・ナイチンゲール 著

湯槇ます, 薄井坦子, 小玉香津子, 田村眞, 小南吉彦 訳

『看護覚え書：看護であること 看護でないこと』
（改訳 第7版, 現代社）

目次

※ワークノートの課題を、目次の右に記しています。

目　次

Part 1

生活科学とは

1. 生活科学とは？　生活とは？ ………………………………… 【16 赤ん坊の世話】ほか

◆**課題1【16 赤ん坊の世話】ほかに学ぶ**

【赤ん坊の世話】及び【目次】【はじめに】【要旨（細目次）】について、指定の原稿用紙に、以下の要領に従って課題レポートを作成してください。

〔手順・書式〕

① 『看護覚え書』を、以下の順序の通りに読んでください。

　　【赤ん坊の世話】⇒【目次】⇒【はじめに】⇒【要旨（細目次）】

② 自分が学んだ内容を、実際に本に書かれていることに基づいて、300字程度で述べてください。

　　＊本を読んでいない人にも、内容が伝わるように心がけるとよいです。

③ 学んだ内容に対する感想（分かったこと・分からなかったことなど）を100字程度で述べてください。

　　＊「②学んだ内容」と「③感想」を合わせて400〜500字以内にまとめてください。「学んだ内容」
　　　と「感想」は意図的に区別してください。この区別をつけること自体、とても大切な訓練です。

④ 学んだ内容の大切なことをレポートの表題として1行で書いてください。

　　手順・書式に沿って書くことは、はじめは慣れないかもしれませんが、数回も繰り返すとコツがつかめてきます。

　　ところで、なぜ、このような手順・書式が大切なのでしょうか？

　　端的に言えば、皆さんの頭が上手く働くようになるため、なのです。その意味については授業で説明しますので、楽しみにしておいてください。

　　授業は、6〜7人のグループでワークを行います。その際、この課題が基礎資料となります。つまり、課題を書かずに授業に参加すると、教室の仲間の話を聞くだけ、教員の話を聞くだけとなって、自分の実力向上につながりません。

　　このワークノートの「はじめに」を読んだ皆さんは、「頑張るぞ！」と心に決めた（そう信じています！）のですから、一つひとつ大事に「自分のもの」にしていきましょう。

date:　　　　・　　　・

課題1　【16 赤ん坊の世話】ほか に学ぶ

学籍番号（　　　　　　　　　　）　　　氏名（　　　　　　　　　　　　　）
表題 _____

②学んだ内容20×15= 300字程度　③学んだ内容についての感想20×5=100字程度

②

③

date:　　　・　　　・

| ワークノート1 | 【16赤ん坊の世話】ほか |

生活科学とは？　生活とは？

1 課題1の共有
—【赤ん坊の世話】は何を語る？—

- グループ内で自己紹介をしてから（2〜3分で）、各自のレポートをグループ内で共有してください。回し読みもいいかもしれません。

- 友人のレポートで、「これは大切！」「私には見えてなかった！」と思ったことを、この欄にメモしてください。

2 生活科学とはどういうものか？
—目的は？　生活とは？　科学とは？　生活科学とは？　どう学ぶのか？—

- 【生活の体系像①】は何を表しているのでしょう？　話し合ってみてください。（なお、この図のフォルムは「円錐形」です。「三角形」ではないので気を付けて……。）

- 「"夢の実現" を支える "健康な生活" をすべての人びとに」は生活科学を学ぶ目的でもあり、将来につながる目的性でもあります。どういう意味でしょうか？
「すべての人びと」は、まずは「皆さん自身」と置き換えてみてください。

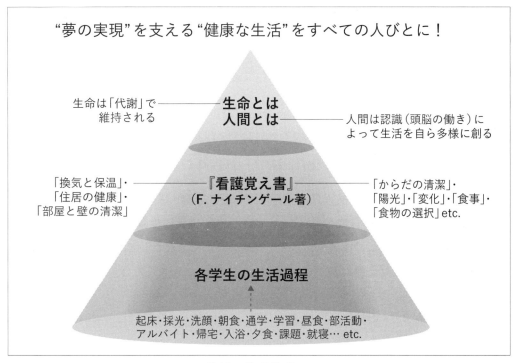

生活の体系像①

- 「生活」とは何でしょう。定義はともかくとして、皆さん自身の毎日の生活を思い浮かべてみてください。【生活の体系像①】の一番下と重なりますか？

- 「科学」とは何でしょう？　「事実に基づいた学問」ということは知っていますか？

- 「生活科学」とは何でしょう。【生活の体系像①】は生活科学がとらえた生活です。イメージできますか？

- これから「生活科学」を皆さんの頭の中に"建設"していきます。
  頂点の〈生命とは〉〈人間とは〉については、図「人間の生命力とは」（ワークノート1最終頁）を参照してイメージしてください。では、どうして【生活の体系像①】の真ん中に『看護覚え書』が入るのでしょう？　話し合ってください。

- 生活科学とは何か、どう学んでいくのか、イメージできましたか？
  グループ内で確認してください。

3　課題1を「生活科学を学ぶ目的」からとらえ返す

- 再度、自分の書いたレポートを「生活科学を学ぶ目的」に照らして読んでみてください。
- 生活科学と看護の「違い」と「つながり」（難しくは「区別」と「連関」といいます）を、このワークノートの「はじめに」で自動車運転にたとえましたが、そのことを頭によく描いてからもう一度レポートを読み返してみて、何か気づきましたか？

・【赤ん坊の世話】を「赤ん坊の世話」として読まない、とは？

・『看護覚え書』を「看護」のために読むのではなく、「生活科学」として読む、とは？

・「生活科学」のなかで使う「看護」という言葉の位置づけは？

・ナイチンゲールは『看護覚え書』をどう位置づけていたでしょうか？

　この覚え書は、看護の考え方の法則を述べて看護師が自分で看護を学べるようにしたものではけっしてないし、ましてや看護師に看護することを教えるための手引書（マニュアル）でもない。これは他人の健康について直接責任を負っている女性たちに、考え方のヒントを与えたいという、ただそれだけの目的で書かれたものである。
（『看護覚え書』p.1）

4　生活科学は将来どう役立つのか？

―『看護覚え書』を活かす！―

①生活科学を身につけたある卒業生の例

- どんな感想を持ちましたか？　話し合ってみてください。

②ある失敗事例を読み、新人看護師の頭に描かれていた像を考える

〈ある失敗事例〉

　　それは両手にやけどをされた患者さんをケアした例でした。やけどのケアには新人の看護師が当たることになったそうです。彼女は傷口に負担がかからないように包帯を巻きましたが、数時間後にナース・コールを受けることになりました。包帯は指を固定する形式で巻かれていたため、患者さんが「夕食が食べられません」といってきたのです。その場は笑い話ですんだそうですが、包帯を巻いた新人の看護師は、その知らせを受けるまでまったく気がつかなかったのですから、笑ってばかりもいられません。でも包帯の巻き方はマニュアルどおりでしたし、傷口を気づかった看護師のケア自体は悪いことではありませんでした。では何が問題だったのでしょうか。

　　それは看護師が患者さんを人間として見ていなかったということです。この事例で見逃されてしまったのは、人間がまず生物であるということなのです。生物というのは生きているのです。そして呼吸をしたり食をとったりしなければ生きていることができないことは、誰もが知っていることです。もちろんこの看護師も知識としてそれはわかっていたのでしょうが、この時は食事よりも傷口の手当てを重視してしまったのですから、結果としては生物としての基本原則のケアよりも、傷口のケアを自分の心の中で高く位置づけてしまったことになるのです。だから傷口のケアは行われていても、人間のケアとしては問題があったのです。

　　　　　　　（本田克也 他著『看護のための「いのちの歴史」の物語』　pp.19-20，現代社）

- 皆さんは同じ失敗をしないと自信を持てますか？
  この事例は確かに「笑い話」ですんだようですが、もしかしたら「笑い話」ですまなかったかもしれない（患者さんがとても辛い思いをしたかもしれない）のです。その悲惨な状況が目に浮かびますか？

- 【生活の体系像①】の〈生命とは〉〈人間とは〉と、この事例がつながりますか？
「生命は〈代謝〉で維持される」ということから、まず考えてみましょう。

- この看護師は不真面目だったのでしょうか？　真剣にケアしたはずなのに、どうして失敗してしまったのでしょうか？

- 包帯を巻いていた時に、この看護師の頭にはどんな〈像〉が描かれていたのでしょう？
  ※〈像〉とは、頭脳に描かれている、外界からの映像だと思ってください。人間は、外界の事物を、五感覚器官、目・耳・鼻・口・皮膚（特に手足）を通して頭脳に〈像〉として描くのです。これが皆さんの〈思い〉とか〈考え〉の大元なのです。

- では、どういう〈像〉が看護師の頭の中に描かれていればよかったのでしょう？
  そして、そういう〈像〉は、どのように訓練すれば描けるようになるのでしょう？

5　生活を見つめる
― 事実の把握力の養成：生活事実の記録のすすめ ―

- 【赤ん坊の世話】でナイチンゲールが語った各項目を各自の生活の中に活かすには、ただ各項目が大切だと思うだけではだめで、それらがつながって動いている〈全体像〉を描けるように訓練しなければなりません。その全体像が「生活の姿」なのです。少しずつ描いていく努力を重ねましょう。
- 「1日の生活記録」のシートをコピーして、まずは週に1回、昨日の事実または今日1日の事実を記録しましょう。
- 週に3、4回コンスタントに記録できていくようになれば、だんだんと自分がどう生活しているのかがわかってきます。
- ただし、はじめから「毎日記録しよう！」と無謀なことはしないでください。まず、失敗します。人間、積み重ねることが大切です。たとえ途中で離れてしまっても、やり直せばいいだけです。長い目で見て、1年間の3分の1できれば上出来です。それでも十分に「生活の姿」を描けるようになります。書くのは、昨日または今日1日の「事実」です。書きたくないことは書かなくてもよいですし、他人に見せる必要もありません。あくまでも「自分のため」に記録を続けていきましょう。

人間の生命力とは

●生命の共通性と相異性

無生物　　　生物（植物）　　　（動物）　　　（人間）

→ 脅かす力
➡ 生命力

生命の共通性（代謝）　　　　　生命の相異性（生活習慣）

酸素, 栄養素 ──（呼吸, 食）

細胞膜

摂取

細胞外液 ──（循環）

自己化 ──（体温）

細胞内

排出

（運動・休息）

不要物 ──（排泄, 清潔, 衣）

　無生物は自然界において徐々に変質していくが、生物は同じ自然界で〈そのものをそのものとして保つ力〉を持っている。この力が生命力で、生命に共通なこの営みをモデル化してみると、自然界から必要な物質を摂取し、自己化し、不要物を排出する営み〈代謝〉をくりかえしているのである。
　植物では、土、水、空気、太陽など、場の条件に応じた生命力が現れるが、動物では餌や休息の場を確保しつつ生きるので生命力に影響する条件はより複雑となる。人間の場合は、直接、間接の社会関係のなかで形成された個々の認識によって生活するから、生活習慣のすべてが人間の生命力にかかわってくる。

　その関係をモデルに重ねてみると、各細胞は細胞外液から必要な物質を細胞膜を経て摂取し（呼吸と食）、自己化には酵素の至適温度を要し（体温）、不要物の排出には排泄器官からの排泄と皮膚、粘膜の清潔が必要となる。そこで、細胞外液はつねに循環して、日常生活の運動と休息の状態に見合った物質を運搬しなければならない。

（薄井坦子著『ナースが視る病気』p.18, 講談社）

1日の生活記録

年　　　月　　　日（　　）

タイトル（1日を振り返ってどんな日だったかを1行で記す↓）

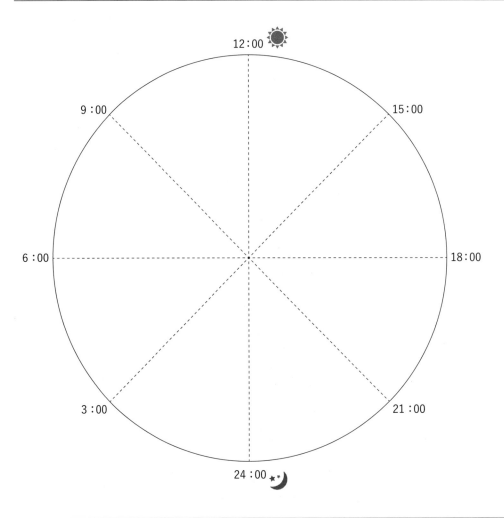

Part 2

健康の法則を自己の日常生活を通して つかみ、活かす

2. 学びの成果を日常生活にどう活かす？　　　　　　　【1 換気と保温】

◆**課題2【1 換気と保温】に学ぶ**

【換気と保温】について、指定の原稿用紙に、以下の要領に従って課題レポートを作成してください。

〔手順・書式〕

①自分が<u>学んだ内容</u>を、実際に本に説かれていることに基づいて、<u>300字程度</u>で述べてください。

　＊本を読んでいない人にも、内容が伝わるように心がけるとよいです。

②<u>自己の生活がどう見えてきたか</u>を<u>100字程度</u>で述べてください。（単なる感想ではないことに注意してください。）

　＊「① 学んだ内容」と「② 自己の生活がどう見えてきたか」を合わせて400～500字以内にまとめてください。この2つを意図的に区別してください。区別をつけて書くことはとても大切な訓練です。

③<u>学んだ内容の大切なこと</u>を、レポートの表題として<u>1行</u>で書いてください。

　さあ、いよいよ本文です。ジェットコースターのように流れていくナイチンゲールのダイナミックな展開に振り飛ばされないように！頑張れ～！

　〔手順・書式〕の②が、前回の③から変化しています。「学んだ内容」を思い起こしながら、自分の部屋をよ～く見てみると、「ああ！」と見えてくると思います。その気づきを、教室の皆さんに分かるように書いてみてください。

　そのとき、少し恥ずかしい思いも出てくるかもしれません。でも、事実（実際にあること、あったこと）をしっかり見つめることが、科学の出発点です。「気づいたこと」それ自体がまず大切で、その上で、そこを改善していけば、それが本当の学びになっていきます。

date:　　　　　・　　　・

課題2　【1換気と保温】に学ぶ

学籍番号（　　　　　　　　　　　）氏名（　　　　　　　　　　　　　　）

表題 _____

①学んだ内容20×15＝300字程度　②自己の生活がどう見えてきたか20×5=100字程度

date:　　　　　・　　　・

ワークノート2	【1　換気と保温】

学びの成果を日常生活にどう活かす？

1　課題2「学んだ内容」の共有
―【換気と保温】は何を語る？―

- 各自のレポートをグループ内で共有してください。「学んだ内容」の範囲だけで構いません。回し読みもいいかもしれません。
- 友人のレポートで、「これは大切！」「私には見えてなかった！」と思ったことを、この欄にメモしてください。

2　なぜ、「換気と保温」か？
―人間の身体と生活環境の両面から…―
①そもそも、なぜ「換気と保温」が大切か？

②なぜ、「換気」と「保温」を一緒に取り上げるのか？

3 「換気と保温」実践への指針
　①学びの成果を日常生活にどう活かす？　―実践上の問題点―
・「自己の生活がどう見えてきたか」を共有してください。
・自分の部屋を見たときに、どんなことに気づきましたか？ 【換気と保温】の章から、
　どんなヒントをもらいましたか？

②ライフサイクル全体の中で「換気と保温」を位置づける
―自然的な安全と社会的な安全との両立―

• ナイチンゲールは次のように説きます。でも、本当でしょうか？　できますか？

一年のうちほとんどの夜は、窓を開けることにしておいても、なんの害も起こりえない。

（『看護覚え書』*p.36*）

• なぜナイチンゲールは夜の空気が一番清浄だと説いたのでしょう？
  19世紀のロンドンの状況は？

• 夜の換気？　どうしたらいいのでしょう？　自然的な安全と社会的な安全との両立？

• 暖房と換気：19世紀の英国と21世紀の日本の大きな違いを見てみましょう。
  （以下の2つの図はhttp://dx.doi.org/10.7566/JPSCP.1.017029 より改編）

窓が適切に設けられており、かつ暖炉に燃料が適切に供給されていさえすれば、ベッドの患者に常に新鮮な空気を確保することは比較的容易である。そういうときに窓の開放を恐れてはならない。ベッドのなかにいて風邪をひくことはないからである。

（『看護覚え書』p.23）

　窓は、その下部でなく、上部を開けること。上部の開かない窓のばあいは、ただちに改修すること。

（『看護覚え書』p.27）

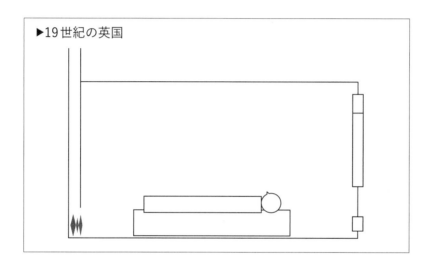

▶19世紀の英国

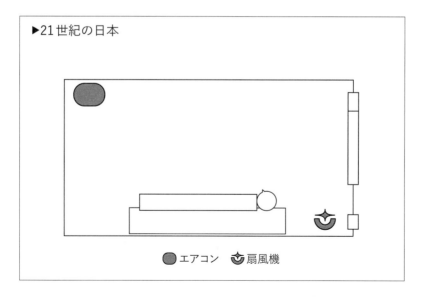

▶21世紀の日本

●エアコン　扇風機

③自己の「換気と保温」を設計する

- 自分の部屋の見取り図を書いて、「換気と保温」をどうするか、考えてみましょう。

3．住居とは何か？　住居の健康とは何か？　　　　　【2 住居の健康】

◆課題3【2 住居の健康】に学ぶ

【住居の健康】について、指定の原稿用紙に、以下の要領に従って課題レポートを作成してください。

〔手順・書式〕

①自分が学んだ内容を、実際に本に説かれていることに基づいて、<u>300字程度で</u>述べてください。

　＊本を読んでいない人にも、内容が伝わるように心がけるとよいです。

②自己の生活がどう見えてきたかを<u>100字程度で</u>述べてください。（単なる感想ではないことに注意してください。）

　＊「① 学んだ内容」と「② 自己の生活がどう見えてきたか」を合わせて400～500字以内にまとめてください。この2つを意図的に区別してください。区別をつけて書くことはとても大切な訓練です。

③<u>学んだ内容の大切なこと</u>を、レポートの<u>表題</u>として<u>1行</u>で書いてください。

　3回目ともなると、だんだん「要領」がつかめてきたでしょうか。でも「こんなに長い文章を300字なんて、無理！」と途方に暮れてしまう人もいるのかもしれませんね。

　①も具体を全部書く必要はありません。「自分が学んだ内容」でいいのです。もちろん「ナイチンゲールが何を一番伝えたかったのか…」という一般的なことは、是非つかんでいただきたいです。しかし、具体的なことは自分が一番心惹かれたこと、あるいは一番「ゾ〜っ」としたことをまとめてくださって構いません。それを授業で持ち寄ることで、クラス皆で学んでいけばよいのですから…。

　皆さんへのエールとして、以下の文章を記しておきます。

　　さて、女性は誰もが一生のうちにいつかは看護師にならなくてはならないのであれば、すなわち、誰かの健康について責任をもたなければならないのであれば、ひとりひとりの女性がいかに看護するかを考えたその経験をひとつにまとめたものがあれば、どんなにか汲めどもつきない、またどんなにか価値あるものになるであろうか。

　　私は、女性たちにいかに看護するかを教えようとは思っていない。むしろ彼女たちに自ら学んでもらいたいと願っている。そのような目的のもとに、私はあえてここにいくつかのヒントを述べてみた。（『看護覚え書』「はじめに」*p.2*）

date:　　　　・　　　・

課題3　【2 住居の健康】に学ぶ

学籍番号（　　　　　　　）　氏名（　　　　　　　　　）

表題 _____

①学んだ内容20×15= 300字程度　②自己の生活がどう見えてきたか20×5=100字程

date:　　　・　　　・

| ワークノート3 | 【2 住居の健康】 |

住居とは何か？　住居の健康とは何か？

1　課題3「学んだ内容」の共有
―【住居の健康】は何を語る？―
- 各自のレポートをグループ内で共有してください。「学んだ内容」の範囲だけで構いません。回し読みもいいかもしれません。
- 友人のレポートで、「これは大切！」「私には見えてなかった！」と思ったことを、この欄にメモしてください。

2　「住居の健康」は何のために？
- 【住居の健康】で「ナイチンゲールが一番伝えたかったこと」とは？

- なぜ、それが「ナイチンゲールが一番伝えたかったこと」なのか？

3 【住居の健康】

― 住居とは何か?　住居の健康とは何か? ―

①住居というものはなぜつくられたのか?

②「住居の健康を守る5つの基本的要点」すべてを貫くこととは?

③「住居の健康」をなぜ考えるようになったか?　―「町」の誕生・発展の裏側―

４　「住居の健康」実践への指針
―環境と自分自身をコントロールする？―
①学びの成果を日常生活にどう活かす？　―住居の健康―

- 「自己の生活がどう見えてきたか」を共有してください。
- 自分の部屋を見たときに、どんなことに気づきましたか？【住居の健康】の章から、どんなヒントをもらいましたか？

②清掃と運動を統一？　―自分自身の生命力をアップする！―

【住居の健康】に基づいたチェック表　5項目

どんなことが見えたか？　どんな取り組みをしてみたか？　結果は？

_____月_____日（　　）　　コメント：

1　清浄な空気　　..
2　清浄な水　　..
3　効果的な排水　..
4　清潔　　..
5　陽光　　..

_____月_____日（　　）　　コメント：

1　清浄な空気　　..
2　清浄な水　　..
3　効果的な排水　..
4　清潔　　..
5　陽光　　..

_____月_____日（　　）　　コメント：

1　清浄な空気　　..
2　清浄な水　　..
3　効果的な排水　..
4　清潔　　..
5　陽光　　..

_____月_____日（　　）　　コメント：

1　清浄な空気　　..
2　清浄な水　　..
3　効果的な排水　..
4　清潔　　..
5　陽光　　..

_____月_____日（　　） コメント：_____

1　清浄な空気　　...
2　清浄な水　　　...
3　効果的な排水　...
4　清潔　　　　　...
5　陽光　　　　　...

_____月_____日（　　） コメント：_____

1　清浄な空気　　...
2　清浄な水　　　...
3　効果的な排水　...
4　清潔　　　　　...
5　陽光　　　　　...

_____月_____日（　　） コメント：_____

1　清浄な空気　　...
2　清浄な水　　　...
3　効果的な排水　...
4　清潔　　　　　...
5　陽光　　　　　...

1週間を終えて：_____

4. 清潔の意味とその実現　　　　　　　【10 部屋と壁の清潔】【11 からだの清潔】

◆課題4【10 部屋と壁の清潔】【11 からだの清潔】に学ぶ

【部屋と壁の清潔】と【からだの清潔】について、指定の原稿用紙に、以下の要領に
従って課題レポートを作成してください。

〔手順・書式〕

①自分が学んだ内容を、実際に本に説かれていることに基づいて、300字程度で
　述べてください。

　　＊本を読んでいない人にも、内容が伝わるように心がけるとよいです。

②自己の生活がどう見えてきたかを100字程度で述べてください。（単なる感想
　ではないことに注意してください。）

　　＊「① 学んだ内容」と「② 自己の生活がどう見えてきたか」を合わせて400〜500字以内にま
　　とめてください。この2つを意図的に区別してください。区別をつけて書くことはとても
　　大切な訓練です。

③学んだ内容の大切なことを、レポートの表題として1行で書いてください。

　　課題4からは2つの章を対象とします。

　　「わあ、大変そう！」と思ったかもしれませんが、2つはつながりのある章なので、一
緒に学んだほうがきっと分かり易いはずです。

　　さて、第3回までの授業はいかがでしたか？

　　「高校までの授業とは勝手が違って…」と戸惑っている人もいるかもしれませんね。あ
るいは、「なんだか楽しくなってきた！」と面白みを感じ始めた人もいるのかもしれませ
ん。ひょっとすると、その「ない交ぜ」の状態、というのが実際のところでしょうか。

　　皆さんが感じている「戸惑い」にせよ「楽しさ」にせよ、じっくりと味わっていただき
たいのです。高校までの試験に追われる勉強の仕方と根本的に違うのは、「知識と現実
をつなげていく」ことでしょう。教科書に書いてあることを覚えて、解答用紙に書き込
めばOK…とはならないのです。知識を学ぶことは大切ですが、それを現実の生活に使
えなければ「宝の持ち腐れ」です。現実の生活改善に使ってみて、初めてその知識は本物
になっていきます。皆さんが自分でそのつながりを味わっていく、というのがこの授業
の醍醐味でもあります。

　　もちろん失敗も起こります。でも、失敗こそ宝です。「失敗した…」というからには、
必ず原因があります。その原因を突き止めて、「こうすればよかったんだ…！」とわかっ
ていけば、成功につながります。〈失敗は成功の基〉です。だから、勇気を出して、
失敗を記して、原因を考えていくというレポートも、とても役立っていくことに
なるのです。さあ、頑張って！

date:　　　　　・　　・

課題4　【10部屋と壁の清潔】【11からだの清潔】に学ぶ

学籍番号 (　　　　　　　　　　　)　　　氏名 (　　　　　　　　　　　　　)

表題　＿＿＿＿＿＿＿＿＿＿＿＿＿＿＿＿＿＿＿＿＿＿＿＿＿＿＿＿＿＿＿＿＿＿＿

①学んだ内容20×15= 300字程度　②自己の生活がどう見えてきたか20×5=100字程度

date:　　　　　・　　　・

ワークノート4　　　　　　【10 部屋と壁の清潔】【11 からだの清潔】

清潔の意味とその実現

1　課題4「学んだ内容」の共有

ー【部屋と壁の清潔】【からだの清潔】は何を語る？ー

①教室の探索

- レポートを片手に、教室を探索してみましょう。何が発見できるでしょうか？

②【住居の健康】に基づいたチェック表

- 記入してみて気がついたことを話し合いましょう。

③課題4「学んだ内容」の共有

- 各自のレポートをグループ内で共有してください。「学んだ内容」の範囲だけで構いません。回し読みもいいかもしれません。
- 友人のレポートで、「これは大切！」「私には見えてなかった！」と思ったことを、この欄にメモしてください。

2　「部屋と壁の清潔」実践の工夫

　　—学びの成果を日常生活にどう活かす？ —

3　「清潔」ということは、なぜ大切か？

　　—〈生命とは〉〈人間とは〉から考える—

4　清潔と呼吸とのつながりを深める

　　①勇気をもって失敗を見つめたレポート　—失敗は成功の基—

　　　• 次のレポートを読んで感想を話し合いましょう。

【部屋と壁の清潔＆からだの清潔】

（②自己の生活がどう見えてきたか）

　排泄は皮膚を通じても行われることを再認識した。私が皮膚を塞ぐことで傷めてしまったと気付いたのは、ペディキュアによってである。以前、足の爪にペディキュアを塗り、普段ならしばらくしてすぐに除光液で剥がすのに、その時は、ずっと塗ったままにしていた。すると、薄い桃色を塗っていたのに爪自体が紫色に変色してきたのである。慌てて除光液をつけて落としたが、爪の変色は元に戻らず、皮膚科を受診した。すると、医師から「爪も呼吸しているのだから、今は呼吸ができなくなっていたんだよ」と言われ驚いた。

　今回は大事になったわけではないが、それからは皮膚も呼吸しているんだなと改めて感じたし、自身に対しても気をつけるようになったと思う。

②看護学生として事例を見つめ直す　―多細胞生物としての人間―
• 「人間の健康を守る看護という専門性」からレポートを読み返してみてください。
「あれ？」と思えましたか？

③呼吸の歴史性　―哺乳類としての人間―

5 「からだの清潔」実現への指針
―学びの成果を日常生活にどう活かす？―

【住居の健康】ほかに基づいたチェック表　5項目

どんなことが見えたか？　どんな取り組みをしてみたか？　結果は？

_____ 月　　日（　　）　　コメント：

1　清浄な空気　　　　　...

2　清浄な水・効果的な排水　...

3　部屋と壁の清潔　　　...

4　からだの清潔　　　　...

5　陽光　　　　　　　　...

_____ 月　　日（　　）　　コメント：

1　清浄な空気　　　　　...

2　清浄な水・効果的な排水　...

3　部屋と壁の清潔　　　...

4　からだの清潔　　　　...

5　陽光　　　　　　　　...

_____ 月　　日（　　）　　コメント：

1　清浄な空気　　　　　...

2　清浄な水・効果的な排水　...

3　部屋と壁の清潔　　　...

4　からだの清潔　　　　...

5　陽光　　　　　　　　...

_____ 月　　日（　　）　　コメント：

1　清浄な空気　　　　　...

2　清浄な水・効果的な排水　...

3　部屋と壁の清潔　　　...

4　からだの清潔　　　　...

5　陽光　　　　　　　　...

　　　　月　　　日（　　）　　コメント：

1　清浄な空気 ....

2　清浄な水・効果的な排水 ....

3　部屋と壁の清潔 ....

4　からだの清潔 ....

5　陽光 ....

　　　　月　　　日（　　）　　コメント：

1　清浄な空気 ....

2　清浄な水・効果的な排水 ....

3　部屋と壁の清潔 ....

4　からだの清潔 ....

5　陽光 ....

　　　　月　　　日（　　）　　コメント：

1　清浄な空気 ....

2　清浄な水・効果的な排水 ....

3　部屋と壁の清潔 ....

4　からだの清潔 ....

5　陽光 ....

1週間を終えて：＿＿＿＿＿＿＿＿＿＿＿＿＿＿＿＿＿＿＿＿＿＿＿＿＿＿＿＿＿

5．昼間と夜間の生理構造Ⅰ　　　　　　　【8 ベッドと寝具類】【9 陽光】

◆課題5【8 ベッドと寝具類】【9 陽光】に学ぶ

【ベッドと寝具類】と【陽光】について、指定の原稿用紙に、以下の要領に従って課題レポートを作成してください。

〔手順・書式〕

①自分が学んだ内容を、実際に本に説かれていることに基づいて、300字程度で述べてください。

　＊本を読んでいない人にも、内容が伝わるように心がけるとよいです。

②自己の生活がどう見えてきたかを100字程度で述べてください。（単なる感想ではないことに注意してください。）

　＊「① 学んだ内容」と「② 自己の生活がどう見えてきたか」を合わせて400〜500字以内にまとめてください。この2つを意図的に区別してください。区別をつけて書くことはとても大切な訓練です。

③学んだ内容の大切なことをレポートの表題として1行で書いてください。

　　課題5を見たとき、皆さんはどう思いましたか？　「別に何も…」という人もいれば、「え？」と戸惑われた人もいるでしょう。あらためてこんなふうに問われると、「別に……」と思っていた人も「えっ？」とそわそわしてしまうかもしれませんね。

　　その謎解きは授業でのお楽しみ…として、まずは課題に取り組んでみてください。実は、課題の中身に戸惑いの謎を解くヒントが見えてきますから…。

　　さて、これまでの授業を通して何かしら見え始めてきたことがあるでしょうか？　まだ、言葉にはならないかもしれませんが、そのおぼろげに見え始めてきたことが何なのかを、じっくりと見つめ返す努力をしてみてください。

　　【赤ん坊の世話】【換気と保温】【住居の健康】【部屋と壁の清潔】【からだの清潔】……、そして今回【ベッドと寝具類】【陽光】と学んでいきます。

　　「じれったいなあ。答えをすっと教えてくれてもいいのに…」と思っているあなた……、その気持ちはよくわかります。でも、実は、「わかりそうでわからない、つかめそうでつかめない」というこの過程をじっくりとたどることが、本物の実力をつくるためには大切なのです。

　　私は、女性たちにいかに看護するかを教えようとは思っていない。むしろ彼女たちに自ら学んでもらいたいと願っている。　　　　（『看護覚え書』p.2）

date:　　　　　・　　　・

課題5 【8 ベッドと寝具類】【9 陽光】に学ぶ

学籍番号（　　　　　　　　　　）　　　氏名（　　　　　　　　　　　　　）

表題　_____

①学んだ内容20×15＝300字程度　②自己の生活がどう見えてきたか20×5=100字程度

①

②

date:　　　・　　　・

| ワークノート5 | 【8 ベッドと寝具類】【9 陽光】 |

昼間と夜間の生理構造Ⅰ

1　課題5「学んだ内容」の共有

—【ベッドと寝具類】【陽光】は何を語る？—

①【住居の健康】ほかに基づいたチェック表

• 記入してみて気がついたことを話し合いましょう。

②課題5「学んだ内容」の共有

• 各自のレポートをグループ内で共有してください。「学んだ内容」の範囲だけで構いません。回し読みもいいかもしれません。

• 友人のレポートで、「これは大切！」「私には見えてなかった！」と思ったことを、この欄にメモしてください。

③「はじめに」で紹介した学生はどうしてマスクが取れていったのか？

2　「ベッドと寝具類」と「陽光」はなぜ大切か？
　　―〈生命とは〉〈人間とは〉から考える―
　　①なぜ、【ベッドと寝具類】と【陽光】を一緒に取り上げるのか？

　　②「ベッドと寝具類」はなぜ大切か？

　　③「陽光」はなぜ大切か？

3　「ベッドと寝具類」「陽光」実践への指針
　　―学びの成果を日常生活にどう活かす？―

4　1日のライフサイクル：活動と休息のリズム
―昼間と夜間の生理構造Ⅰ―

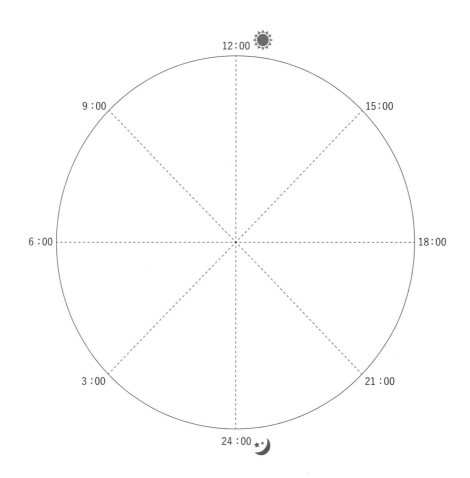

【住居の健康】ほかに基づいたチェック表　6項目

どんなことが見えたか？　どんな取り組みをしてみたか？　結果は？

＿＿＿月＿＿＿日（　　）　コメント：＿＿＿＿＿＿＿＿＿＿＿＿＿＿＿＿＿＿

1　清浄な空気　＿＿＿＿＿＿＿＿＿＿＿＿＿＿＿＿＿＿＿＿＿＿＿＿＿＿＿＿＿＿

2　清浄な水・効果的な排水　＿＿＿＿＿＿＿＿＿＿＿＿＿＿＿＿＿＿＿＿＿＿＿＿

3　部屋と壁の清潔　＿＿＿＿＿＿＿＿＿＿＿＿＿＿＿＿＿＿＿＿＿＿＿＿＿＿＿＿

4　からだの清潔　＿＿＿＿＿＿＿＿＿＿＿＿＿＿＿＿＿＿＿＿＿＿＿＿＿＿＿＿＿

5　ベッドと寝具類　＿＿＿＿＿＿＿＿＿＿＿＿＿＿＿＿＿＿＿＿＿＿＿＿＿＿＿＿

6　陽光　＿＿＿＿＿＿＿＿＿＿＿＿＿＿＿＿＿＿＿＿＿＿＿＿＿＿＿＿＿＿＿＿＿＿

＿＿＿月＿＿＿日（　　）　コメント：＿＿＿＿＿＿＿＿＿＿＿＿＿＿＿＿＿＿

1　清浄な空気　＿＿＿＿＿＿＿＿＿＿＿＿＿＿＿＿＿＿＿＿＿＿＿＿＿＿＿＿＿＿

2　清浄な水・効果的な排水　＿＿＿＿＿＿＿＿＿＿＿＿＿＿＿＿＿＿＿＿＿＿＿＿

3　部屋と壁の清潔　＿＿＿＿＿＿＿＿＿＿＿＿＿＿＿＿＿＿＿＿＿＿＿＿＿＿＿＿

4　からだの清潔　＿＿＿＿＿＿＿＿＿＿＿＿＿＿＿＿＿＿＿＿＿＿＿＿＿＿＿＿＿

5　ベッドと寝具類　＿＿＿＿＿＿＿＿＿＿＿＿＿＿＿＿＿＿＿＿＿＿＿＿＿＿＿＿

6　陽光　＿＿＿＿＿＿＿＿＿＿＿＿＿＿＿＿＿＿＿＿＿＿＿＿＿＿＿＿＿＿＿＿＿＿

＿＿＿月＿＿＿日（　　）　コメント：＿＿＿＿＿＿＿＿＿＿＿＿＿＿＿＿＿＿

1　清浄な空気　＿＿＿＿＿＿＿＿＿＿＿＿＿＿＿＿＿＿＿＿＿＿＿＿＿＿＿＿＿＿

2　清浄な水・効果的な排水　＿＿＿＿＿＿＿＿＿＿＿＿＿＿＿＿＿＿＿＿＿＿＿＿

3　部屋と壁の清潔　＿＿＿＿＿＿＿＿＿＿＿＿＿＿＿＿＿＿＿＿＿＿＿＿＿＿＿＿

4　からだの清潔　＿＿＿＿＿＿＿＿＿＿＿＿＿＿＿＿＿＿＿＿＿＿＿＿＿＿＿＿＿

5　ベッドと寝具類　＿＿＿＿＿＿＿＿＿＿＿＿＿＿＿＿＿＿＿＿＿＿＿＿＿＿＿＿

6　陽光　＿＿＿＿＿＿＿＿＿＿＿＿＿＿＿＿＿＿＿＿＿＿＿＿＿＿＿＿＿＿＿＿＿＿

＿＿＿月＿＿＿日（　　）　コメント：＿＿＿＿＿＿＿＿＿＿＿＿＿＿＿＿＿＿

1　清浄な空気　＿＿＿＿＿＿＿＿＿＿＿＿＿＿＿＿＿＿＿＿＿＿＿＿＿＿＿＿＿＿

2　清浄な水・効果的な排水　＿＿＿＿＿＿＿＿＿＿＿＿＿＿＿＿＿＿＿＿＿＿＿＿

3　部屋と壁の清潔　＿＿＿＿＿＿＿＿＿＿＿＿＿＿＿＿＿＿＿＿＿＿＿＿＿＿＿＿

4　からだの清潔　＿＿＿＿＿＿＿＿＿＿＿＿＿＿＿＿＿＿＿＿＿＿＿＿＿＿＿＿＿

5　ベッドと寝具類　＿＿＿＿＿＿＿＿＿＿＿＿＿＿＿＿＿＿＿＿＿＿＿＿＿＿＿＿

6　陽光　＿＿＿＿＿＿＿＿＿＿＿＿＿＿＿＿＿＿＿＿＿＿＿＿＿＿＿＿＿＿＿＿＿＿

　　　　月　　　日（　　）　　コメント：

1　清浄な空気　　　　..
2　清浄な水・効果的な排水　..
3　部屋と壁の清潔　　　..
4　からだの清潔　　　　..
5　ベッドと寝具類　　　..
6　陽光　　　　　　　　..

　　　　月　　　日（　　）　　コメント：

1　清浄な空気　　　　..
2　清浄な水・効果的な排水　..
3　部屋と壁の清潔　　　..
4　からだの清潔　　　　..
5　ベッドと寝具類　　　..
6　陽光　　　　　　　　..

　　　　月　　　日（　　）　　コメント：

1　清浄な空気　　　　..
2　清浄な水・効果的な排水　..
3　部屋と壁の清潔　　　..
4　からだの清潔　　　　..
5　ベッドと寝具類　　　..
6　陽光　　　　　　　　..

1週間を終えて：＿＿＿＿＿＿＿＿＿＿＿＿＿＿＿＿＿＿＿＿＿＿＿＿＿＿＿＿＿

6. 生活のリズムを整える：ライフサイクル ……【15 ロンドンの子供たち】【5 変化】

◆課題6【15 ロンドンの子供たち】【5 変化】に学ぶ

【ロンドンの子供たち】と【変化】について、指定の原稿用紙に、以下の要領に従って課題レポートを作成してください。

〔手順・書式〕

①自分が学んだ内容を、実際に本に説かれていることに基づいて、300字程度で述べてください。

　＊本を読んでいない人にも、内容が伝わるように心がけるとよいです。

②自己の生活がどう見えてきたかを100字程度で述べてください。（単なる感想ではないことに注意してください。）

　＊「① 学んだ内容」と「② 自己の生活がどう見えてきたか」を合わせて400〜500字以内にまとめてください。この2つを意図的に区別してください。区別をつけて書くことはとても大切な訓練です。

③ 学んだ内容の大切なことをレポートの表題として1行で書いてください。

　まず、次ページの原稿用紙を見てください。

　変化に気づきましたか。「パッと見」ではわからないかもしれませんね。「学籍番号・氏名」の横を見てください。「班名」とあるでしょう。

　そう、これからのレポートには、すべて「班の名前」を記入してください。ということは、当然「班の名前」を考えなければなりません。自分たちのチームにふさわしい名前を考えてください。班長・副班長も決めてください。（班長の指示には従ってください。）

　「一体、何が始まるのですか…？」とビックリした人もいるかもしれませんね。でも、振り返ってみると、「チームがチームになってきた」頃ではありませんか。

　授業が始まった頃には、友達…のはずなのに、レポートを共有してみると、「え？この人、こんなこと考えていたの？」となかなか話が通じなかったのが、5回も演習を繰り返すと、だんだん互いに大切にしていることがわかってきて、話が通じ始め、6〜7人の仲間としてのつながりが生まれてくるもの、だからです。これもまた、「変化」です。

　人間一人では成長できません。特に、この後の授業では、チームの皆で力を合わせ、またチーム同士で力を合わせ……とクラス全員の力を合わせることが必要になってきます。それだけの荒波を越えていかなければならなくなるのです。だからこそ……と思ってください。

　「でも、ロンドンの子供たち…って？」の答えは、その章を読めばわかってくると思います。

date:　　　　・　　　・

課題6　【15 ロンドンの子供たち】【5 変化】に学ぶ

学籍番号（　　　　　　　　）　氏名（　　　　　　　　　　）　班名（　　　　　　　　）

表題

①学んだ内容20×15＝300字程度　②自己の生活がどう見えてきたか20×5＝100字程度

date:　　　　　・　　　　・

ワークノート6	【15 ロンドンの子供たち】【5 変化】

生活のリズムを整える：ライフサイクル

1　課題6「学んだ内容」の共有

―【ロンドンの子供たち】【変化】は何を語る？―

①課題6「学んだ内容」の共有

- 各自のレポートをグループ内で共有してください。「学んだ内容」の範囲だけで構いません。回し読みもいいかもしれません。
- 友人のレポートで、「これは大切！」「私には見えてなかった！」と思ったことを、この欄にメモしてください。

②生活の「運動・変化」を共有する　― 生活に健康的な刺激を！―

③運動している身体のなかでどういう変化が生じるか？

2　「運動・変化」はなぜ大切か？
　― 〈生命とは〉〈人間とは〉から考える ―

3　ライフサイクル
　― 生活のリズムをとらえ、生活にメリハリ：リズムを意図的につくる ―
　①1年間のライフサイクル

　②1か月間のライフサイクル

　③1週間のライフサイクル　―【住居の健康】ほかに基づいたチェック表で―

④1日のライフサイクルと健康の法則 ―昼間と夜間の生理構造へ―

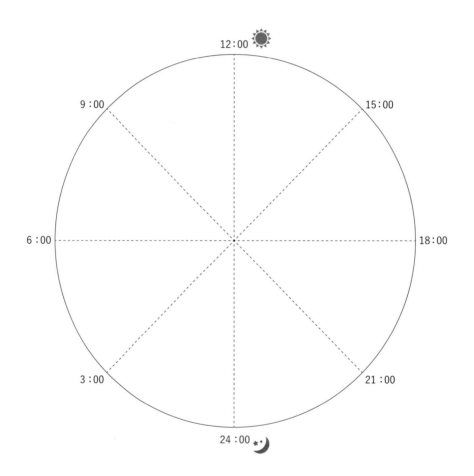

memo

【住居の健康】ほかに基づいたチェック表　7項目

どんなことが見えたか？　どんな取り組みをしてみたか？　結果は？

_____月_____日（　　）　　コメント：_____

1　清浄な空気　　　　　　　　　　　　　　　　　　　　　　　　

2　清浄な水・効果的な排水　　　　　　　　　　　　　　　　　　

3　部屋と壁の清潔　　　　　　　　　　　　　　　　　　　　　　

4　からだの清潔　　　　　　　　　　　　　　　　　　　　　　　

5　ベッドと寝具類　　　　　　　　　　　　　　　　　　　　　　

6　陽光　　　　　　　　　　　　　　　　　　　　　　　　　　　

7　運動・変化　　　　　　　　　　　　　　　　　　　　　　　　

_____月_____日（　　）　　コメント：_____

1　清浄な空気　　　　　　　　　　　　　　　　　　　　　　　　

2　清浄な水・効果的な排水　　　　　　　　　　　　　　　　　　

3　部屋と壁の清潔　　　　　　　　　　　　　　　　　　　　　　

4　からだの清潔　　　　　　　　　　　　　　　　　　　　　　　

5　ベッドと寝具類　　　　　　　　　　　　　　　　　　　　　　

6　陽光　　　　　　　　　　　　　　　　　　　　　　　　　　　

7　運動・変化　　　　　　　　　　　　　　　　　　　　　　　　

_____月_____日（　　）　　コメント：_____

1　清浄な空気　　　　　　　　　　　　　　　　　　　　　　　　

2　清浄な水・効果的な排水　　　　　　　　　　　　　　　　　　

3　部屋と壁の清潔　　　　　　　　　　　　　　　　　　　　　　

4　からだの清潔　　　　　　　　　　　　　　　　　　　　　　　

5　ベッドと寝具類　　　　　　　　　　　　　　　　　　　　　　

6　陽光　　　　　　　　　　　　　　　　　　　　　　　　　　　

7　運動・変化

＿＿＿月＿＿＿日（　　）　　コメント：＿＿＿＿＿＿＿＿＿＿＿＿＿＿＿＿＿＿＿＿

1　清浄な空気　　　…………………………………………………………………………

2　清浄な水・効果的な排水　…………………………………………………………………

3　部屋と壁の清潔　…………………………………………………………………………

4　からだの清潔　　…………………………………………………………………………

5　ベッドと寝具類　…………………………………………………………………………

6　陽光　　　　　　…………………………………………………………………………

7　運動・変化　　　…………………………………………………………………………

＿＿＿月＿＿＿日（　　）　　コメント：＿＿＿＿＿＿＿＿＿＿＿＿＿＿＿＿＿＿＿＿

1　清浄な空気　　　…………………………………………………………………………

2　清浄な水・効果的な排水　…………………………………………………………………

3　部屋と壁の清潔　…………………………………………………………………………

4　からだの清潔　　…………………………………………………………………………

5　ベッドと寝具類　…………………………………………………………………………

6　陽光　　　　　　…………………………………………………………………………

7　運動・変化　　　…………………………………………………………………………

＿＿＿月＿＿＿日（　　）　　コメント：＿＿＿＿＿＿＿＿＿＿＿＿＿＿＿＿＿＿＿＿

1　清浄な空気　　　…………………………………………………………………………

2　清浄な水・効果的な排水　…………………………………………………………………

3　部屋と壁の清潔　…………………………………………………………………………

4　からだの清潔　　…………………………………………………………………………

5　ベッドと寝具類　…………………………………………………………………………

6　陽光　　　　　　…………………………………………………………………………

7　運動・変化　　　…………………………………………………………………………

　　　　　　月　　　日（　　）　　コメント：＿＿＿＿＿＿＿＿＿＿＿＿＿＿＿＿＿＿＿＿

1　清浄な空気　　　　　...

2　清浄な水・効果的な排水 ....

3　部屋と壁の清潔　　...

4　からだの清潔　　　...

5　ベッドと寝具類　　...

6　陽光　　　　　　　...

7　運動・変化　　　　...

1週間を終えて：＿＿＿＿＿＿＿＿＿＿＿＿＿＿＿＿＿＿＿＿＿＿＿＿＿＿＿＿＿＿＿＿

7. 昼間と夜間の生理構造Ⅱ　　　　　　　【6 食事】【7 食物の選択】

◆課題7【6 食事】【7 食物の選択】に学ぶ

【食事】と【食物の選択】について、指定の原稿用紙に、以下の要領に従って課題レポートを作成してください。

〔手順・書式〕

①自分が学んだ内容を、実際に本に説かれていることに基づいて、300字程度で述べてください。

　＊本を読んでいない人にも、内容が伝わるように心がけるとよいです。

②自己の生活がどう見えてきたかを100字程度で述べてください。（単なる感想ではないことに注意してください。）

　＊「① 学んだ内容」と「② 自己の生活がどう見えてきたか」を合わせて400〜500字以内にまとめてください。この2つを意図的に区別してください。区別をつけて書くことはとても大切な訓練です。

③学んだ内容の大切なことをレポートの表題として1行で書いてください。

　皆さん、課題には慣れてきましたか。

　第2回課題の【換気と保温】のレポートと前回の【ロンドンの子供たち】【変化】のレポートを読み比べてみてください。自分の成長に驚かれるかもしれません。驚くまでにはいかなくとも、「確かに、何かつかめてきた…」とは思えるのではないでしょうか。

　さて、『看護覚え書』各論についての課題は今回で最後となります。「せっかく要領が分かってきたのに…」という人もいるでしょう。そう、でもそこで止まってはいけないのです。次回からは、【序章】をメインに、これまで一つ一つ学んできたことをより高い視野からまとめていくワークに入ります。

　　そして今回の課題7は、これまで積み重ねてきた各論の終着駅です。ここをしっかりと書き上げて、第7回授業を学び取ることで、次の段階に向かう土台が築かれます。一つの区切りをしっかりとつける気持ちで取り組んでください。

date:　　　　　　・　　　・

課題7　【6 食事】【7 食物の選択】に学ぶ

学籍番号(　　　　　　　　) 氏名(　　　　　　　　　) 班名(　　　　　　　　)

表題

①学んだ内容20×15= 300字程度　②自己の生活がどう見えてきたか20×5=100字程度

①

②

date:　　　　・　　　・

ワークノート7	【6 食事】【7 食物の選択】

昼間と夜間の生理構造 II

1　課題7「学んだ内容」の共有

—【食事】【食物の選択】は何を語る？—

①課題7「学んだ内容」の共有

- 各自のレポートをグループ内で共有してください。「学んだ内容」の範囲だけで構いません。回し読みもいいかもしれません。
- 友人のレポートで、「これは大切！」「私には見えてなかった！」と思ったことを、この欄にメモしてください。

②生活がどう見えてきたか？

2　「食事」「食物の選択」がなぜ大切か？

—〈生命とは〉〈人間とは〉から考える—

①「生きている」とはどういうことか？

②「細胞の代謝」を見つめ直す

③「食事」「食物の選択」のポイント

3 ライフサイクルの中で「食事」「食物の選択」を位置づける
  ― 昼間と夜間の生理構造Ⅱ ―
  ①理想的な1日のライフサイクルを描いてみよう。夕食をいつとったらいいだろう？

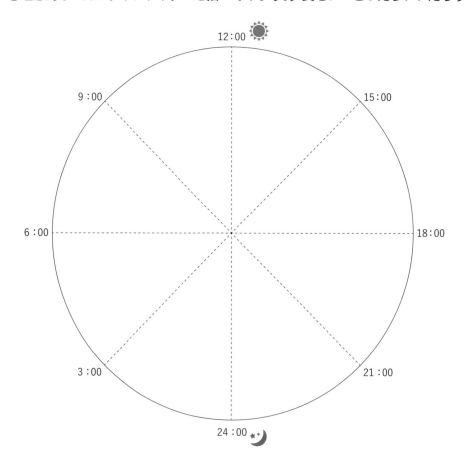

②理想を現実の生活へ活かすには、どう対処したらいいだろう？

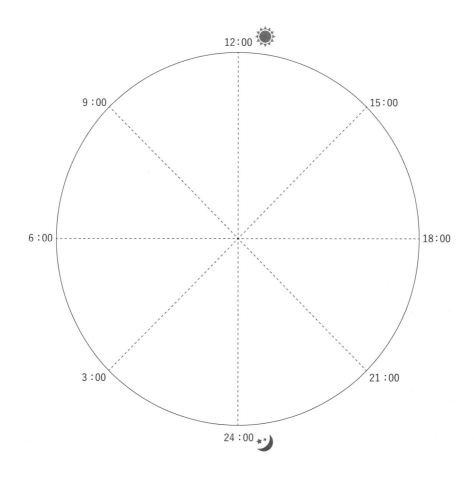

【住居の健康】ほかに基づいたチェック表　8項目

どんなことが見えたか？　どんな取り組みをしてみたか？　結果は？

　　　　月　　　日（　　）　　コメント：

1　清浄な空気　　　　　　　...

2　清浄な水・効果的な排水　...

3　部屋と壁の清潔　　　　　...

4　からだの清潔　　　　　　...

5　ベッドと寝具類　　　　　...

6　陽光　　　　　　　　　　...

7　運動・変化　　　　　　　...

8　食事・食物の選択　　　　...

　　　　月　　　日（　　）　　コメント：

1　清浄な空気　　　　　　　...

2　清浄な水・効果的な排水　...

3　部屋と壁の清潔　　　　　...

4　からだの清潔　　　　　　...

5　ベッドと寝具類　　　　　...

6　陽光　　　　　　　　　　...

7　運動・変化　　　　　　　...

8　食事・食物の選択　　　　...

　　　　月　　　日（　　）　　コメント：

1　清浄な空気

2　清浄な水・効果的な排水

3　部屋と壁の清潔

4　からだの清潔

5　ベッドと寝具類

6　陽光

7　運動・変化

8　食事・食物の選択

　　　　月　　　日（　　）　　コメント：

1　清浄な空気

2　清浄な水・効果的な排水

3　部屋と壁の清潔

4　からだの清潔

5　ベッドと寝具類

6　陽光

7　運動・変化

8　食事・食物の選択

　　　　月　　　日（　　）　　コメント：

1　清浄な空気

2　清浄な水・効果的な排水

3　部屋と壁の清潔

4　からだの清潔

5　ベッドと寝具類

6　陽光

7　運動・変化

8　食事・食物の選択

　　　　月　　　日（　　） 　コメント：_____

1　清浄な空気　　　　　　..

2　清浄な水・効果的な排水　..

3　部屋と壁の清潔　　　　..

4　からだの清潔　　　　　..

5　ベッドと寝具類　　　　..

6　陽光　　　　　　　　　..

7　運動・変化　　　　　　..

8　食事・食物の選択　　　..

　　　　月　　　日（　　） 　コメント：_____

1　清浄な空気　　　　　　..

2　清浄な水・効果的な排水　..

3　部屋と壁の清潔　　　　..

4　からだの清潔　　　　　..

5　ベッドと寝具類　　　　..

6　陽光　　　　　　　　　..

7　運動・変化　　　　　　..

8　食事・食物の選択　　　..

1週間を終えて：_____

Part 3

「生命の法則：生体と環境との統一」を軸に
「健康の法則＝看護の法則」を系統立てる

8.『看護覚え書』総括Ⅰ　生活過程とは？　生活過程を整えるとは？

◆**課題8-Ⅰ「授業第1回〜第7回総括」**

授業第1回〜第7回について、指定の原稿用紙に、以下の要領に従ってレポートを作成してください。

〔手順・書式〕

①自分が学んだ内容を、実際に授業で行ったこと（演習したこと・説かれたことなど）に基づいて、300字程度で述べてください。

　＊授業を受けていない人にも伝わるように心がけるとよいです。

②自己の生活が事実としてどのように変化してきたか、あるいは変化しなかったかを100字程度で述べてください。（単なる感想ではないことに注意してください。）

　＊「① 学んだ内容」と「② 自己の生活が事実としてどう変化してきたか・変化しなかったか」を合わせて400〜500字以内にまとめてください。この2つを意図的に区別してください。区別をつけて書くことはとても大切な訓練です。

③学んだ内容の大切なことを、レポートの表題として1行で書いてください。

　　　予告しておいた通り、第8回から新段階に入ります。そこで、まずは今までの授業を総復習しておくことにしましょう。

　　　「これまでの授業全部をまとめるのですか…？」との溜め息も聞こえてきそうです。大変だとは思いますが、大丈夫です。ここまで一緒に学んできた皆さんなら、必ずできます。

　　　一生懸命取り組んできた課題レポートのページ、仲間とワイワイ言いながら書き込んでいったノートのページ、どのページもあなただけの記録です。その一瞬一瞬の努力を信じて、振り返ってみてください。きっと無数の宝物が見つかるはずですから…。

　　　さて、気づいたでしょうか。上記の「課題8」のすぐ後ろに「-Ⅰ」とありますね。「Ⅰ」があるということは、「Ⅱ」があるのです。つまり、今回は課題が2つなのです。

　　　　「え〜！」とさらに困った皆さんの声まで聞こえてきます。でも、ここからが実力を本物にしていく道。まずは、焦ることなく、「課題8-Ⅰ」に取り組んでください。「8-Ⅱ」はその後です。

date:　　　・　　　・

課題8-I　授業第1回〜第7回総括

学籍番号（　　　　　　　）　氏名（　　　　　　　　　）　班名（　　　　　　）

表題 _____

①学んだ内容 300字程度　②自己の生活がどう変化してきたか、変化しなかったか100字程度

①

②

◆課題8-Ⅱ【序章】ほかに学ぶ

【序章】について、指定の原稿用紙に、以下の要領に従って課題レポートを作成してください。

〔手順・書式〕

①作成した課題8-Ⅰ「授業第1回〜第7回総括」をじっくりと読み込んでください。

②【目次】【要旨（細目次）】【おわりに】、特に【おわりに】を味読してください。

③上記①と②を踏まえて、最後に【序章】に取り組んでください。

④自分が学んだ内容を、実際に本に説かれていることに基づいて、600字程度で述べてください。

　＊本を読んでいない人にも、内容が伝わるように心がけるとよいです。

⑤上記④の「自分が学んだ内容」から、①の課題8-Ⅰ（『看護覚え書』各論の内容及びその生活上の実践）がどう見えてきたかを、200字程度で述べてください。

　（単なる感想ではないことに注意してください。）

　※上記「④自分が学んだ内容」と「⑤自分が学んだ内容から課題8-Ⅰがどう見えてきたか」を、合わせて800〜1000字内にまとめてください。
　④と⑤は意図的に区別してください。この区別をつけること自体がとても大切な訓練です。

⑥学んだ内容の大切なことを、レポートの表題として1行で書いてください。

　さて、「課題8-Ⅱ」を見て、皆さんはどう思ったでしょうか。

　「助けて！」と思わず叫びたくなった人もいるかもしれませんね。でも、既に皆さんは【序章】を読む基礎はしっかりと出来上がっています。それは「課題8-Ⅰ」を書ける実力で証明されています。

　「課題8-Ⅰ」は、皆さんの学びの結晶です。「8-Ⅰ」を書き上げるまでの自分の努力を信じてください。その具体的な内容をもってすれば、【おわりに】も、【序章】も、必ずわかっていくのです。そして、それはここまで学んできた「今」だからこそ、わかっていけるのです。

　ナイチンゲールという歴史上の偉人が伝えようとしたことに、精一杯立ち向かってみてください。その学びを教室に持ってきてください。恐れることはありません。一人ではないのです。班の仲間と共有し、教師と共に授業を歩むなかで、必ず光が射してきます。

memo

date:　　　　　・　　　・

課題8-Ⅱ　【序章】ほかに学ぶ

学籍番号(　　　　　　　　)　氏名(　　　　　　　　)　班名(　　　　　　　　)

表題 _____

④学んだ内容 600字程度　⑤課題8-Ⅰがどう見えてきたか 200字程度

④

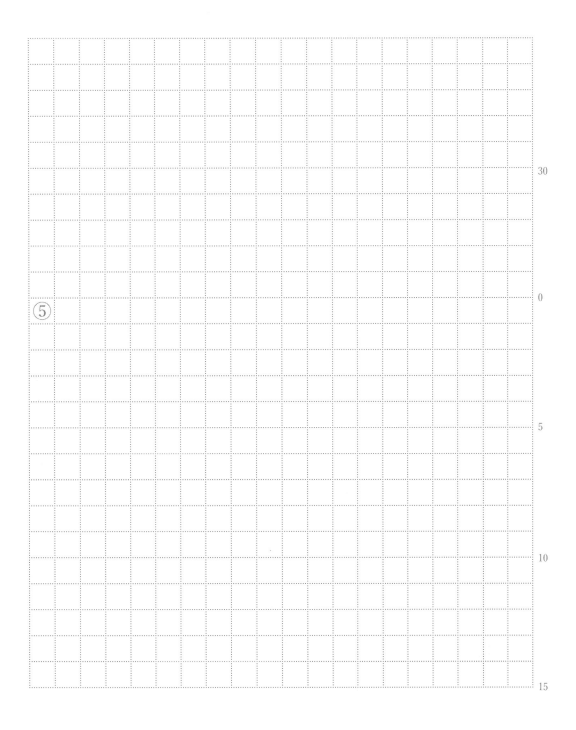

date:　　　　・　　　・

ワークノート8	『看護覚え書』総括Ⅰ

生活過程とは？　生活過程を整えるとは？

1 「体系化」という新段階の指針
　―「生活実践の充実」から「生活の体系化」へ―

2 授業第1回～第7回総括
　― 何をどう学んできたのか？　生活がどう変わってきたのか？　どう整えていくのか？―
　①課題8-Ⅰ「学んだ内容」の共有

- 各自のレポートをグループ内で共有してください。「学んだ内容」の範囲だけで構いません。回し読みもいいかもしれません。

- 友人のレポートで、「これは大切！」「私には見えてなかった！」と思ったことを、この欄にメモしてください。

　②課題8-Ⅰ「自己の生活が事実としてどう変化してきたか・変化しなかったか」の共有

3　**【序章】ほかを通した『看護覚え書』総括Ⅰ**

　―「生活過程」とは？　そして「生活過程を整える」とは？―

　①課題8-Ⅱ共有

- 特に後半、課題8-Ⅰ「授業第1回〜第7回総括」の内容（『看護覚え書』各論の内容及び
その生活上の実践）がどう見えてきたか について語り合ってください。
- 友人のレポートで、「これは大切！」「私には見えてなかった！」と思ったことを、
この欄にメモしてください。

　②【序章】に説かれているポイント4つ

　③【序章】に説かれているポイント、最初の3つを「風邪」を具体例として考える

- 「病気一般」から「看護一般」を導く

- 「病気一般」の構造

- 「健康の法則、すなわち看護の法則」とは？

④「新鮮な空気とか陽光、暖かさ、静かさ、清潔さ、食事の規則正しさと食事の世話」
　と「生活過程」？　―どう同じで、どう異なる？　そして「整える」とは？―

- 焦らず、じっくりとディスカッションしてください。「ハッキリと同じとも異なる
　とも言い切れない」のが現実なのですから。
- 「同じ」とすれば、どういう面で「同じ」なのか？　「異なる」とすれば、どういう面
　で「異なる」のか？　自分で納得がいくまで話し合い続けることが大切です。

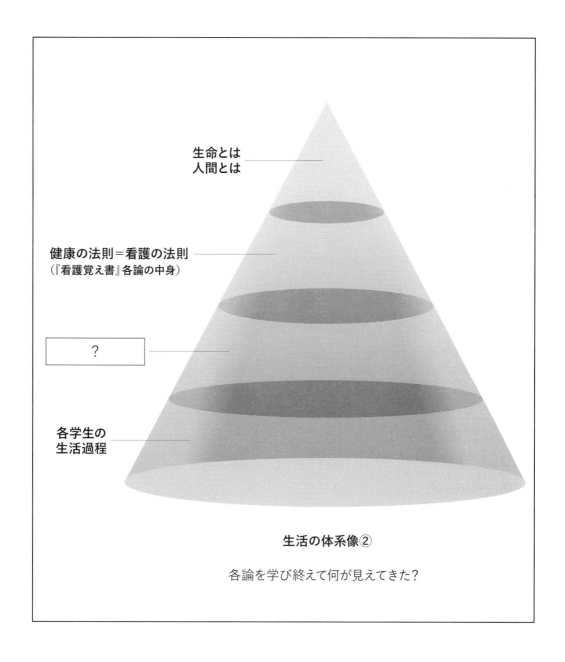

生命とは
人間とは

健康の法則＝看護の法則
（『看護覚え書』各論の中身）

?

各学生の
生活過程

生活の体系像②

各論を学び終えて何が見えてきた？

【住居の健康】ほかに基づいたチェック表　8項目

どんなことが見えたか？　どんな取り組みをしてみたか？　結果は？

_____ 月 _____ 日 (　) 　コメント： _____

1　清浄な空気　　　　　..

2　清浄な水・効果的な排水　..

3　部屋と壁の清潔　　　..

4　からだの清潔　　　　..

5　ベッドと寝具類　　　..

6　陽光　　　　　　　　..

7　運動・変化　　　　　..

8　食事・食物の選択　　..

_____ 月 _____ 日 (　) 　コメント： _____

1　清浄な空気　　　　　..

2　清浄な水・効果的な排水　..

3　部屋と壁の清潔　　　..

4　からだの清潔　　　　..

5　ベッドと寝具類　　　..

6　陽光　　　　　　　　..

7　運動・変化　　　　　..

8　食事・食物の選択　　..

_____月_____日（　　）　　コメント：_____

1　清浄な空気　　　　　　　　　　..

2　清浄な水・効果的な排水　　　　..

3　部屋と壁の清潔　　　　　　　　..

4　からだの清潔　　　　　　　　　..

5　ベッドと寝具類　　　　　　　　..

6　陽光　　　　　　　　　　　　　..

7　運動・変化　　　　　　　　　　..

8　食事・食物の選択　　　　　　　..

_____月_____日（　　）　　コメント：_____

1　清浄な空気　　　　　　　　　　..

2　清浄な水・効果的な排水　　　　..

3　部屋と壁の清潔　　　　　　　　..

4　からだの清潔　　　　　　　　　..

5　ベッドと寝具類　　　　　　　　..

6　陽光　　　　　　　　　　　　　..

7　運動・変化　　　　　　　　　　..

8　食事・食物の選択　　　　　　　..

_____月_____日（　　）　　コメント：_____

1　清浄な空気　　　　　　　　　　..

2　清浄な水・効果的な排水　　　　..

3　部屋と壁の清潔　　　　　　　　..

4　からだの清潔　　　　　　　　　..

5　ベッドと寝具類　　　　　　　　..

6　陽光　　　　　　　　　　　　　..

7　運動・変化　　　　　　　　　　..

8　食事・食物の選択　　　　　　　..

_____ 月 _____ 日 （ ） コメント： _____

1 清浄な空気 ....

2 清浄な水・効果的な排水 ....

3 部屋と壁の清潔 ....

4 からだの清潔 ....

5 ベッドと寝具類 ....

6 陽光 ....

7 運動・変化 ....

8 食事・食物の選択 ....

_____ 月 _____ 日 （ ） コメント： _____

1 清浄な空気 ....

2 清浄な水・効果的な排水 ....

3 部屋と壁の清潔 ....

4 からだの清潔 ....

5 ベッドと寝具類 ....

6 陽光 ....

7 運動・変化 ....

8 食事・食物の選択 ....

1週間を終えて：_____

9.『看護覚え書』総括II　ナイチンゲールの説く「生命の法則」とは？

◆課題9「授業第8回」を振り返る

授業第8回について、指定の原稿用紙に、以下の要領に従って課題レポートを作成してください。

〔手順・書式〕

①自分が学んだ内容を、実際に授業で行ったこと（演習したこと・説かれたことなど）に基づいて、300字程度で述べてください。

　＊授業を受けていない人にも伝わるように心がけるとよいです。

②自分が学んだ内容について思うところを100字程度で述べてください。

　＊「① 学んだ内容」と「② 学んだ内容について思うところ」を合わせて400〜500字以内にまとめてください。この2つを意図的に区別してください。区別をつけて書くことはとても大切な訓練です。

③学んだ内容の大切なことを、レポートの表題として1行で書いてください。

　　皆さん、授業第8回はいかがでしたか？

　　昔、【序章】を読んで「難しい…」とつまずいてしまった人も、このワークノートの「はじめに」を読んで「難しいのか…」と敬遠していた人も、各論を学んできた「今」であれば、それなりにわかるようになってきたのではないでしょうか。

　　皆さんが手応えを実感できているとすれば、それは地道に、自分の生活の事実（【生活の体系像②】の一番下層）を味わいながら、そこから「健康の法則＝看護の法則」（中間段階）に上ってきたからです。こういう事実を通した論理の学びが可能なのが、「生活科学」の利点です。他の学問分野も学び方は、本当は皆同じ、「こうすれば理解できるのだ…」と思ってください。

　　かつて、ある先輩が次のように感想を述べてくれました。皆さんはどうでしょう？

　　「確かに、入学当初から『看護とは、生命力の消耗を最小にするよう生活過程を整えること』と習ってきました。それを大切なものとして、そこから考えてきました。ただ、今『序章』をこのように風邪の例で読んでみると、何かとても大事なことをなおざりにしてきたような気がします。何と言ったらいいのでしょう。たとえば、私たちはスイカの一切れの一番美味しい真ん中のひとかじりで満足していただけで、本当はその下にまだたくさん食べられるところがあったのに、そこは味わってこなかったのか…と。」

　　第9回は一般論（一番上層）です。しっかりと第8回を復習して臨んでください。

date:　　　・　　　・

課題9 「授業第8回」を振り返る

学籍番号(　　　　　　　) 氏名(　　　　　　　　) 班名(　　　　　　　)

表題 _____

①学んだ内容 300字程度　②自分が学んだ内容について思うところ 100字程度

①

②

date:　　　　　・　　・

ワークノート9	『看護覚え書』総括II

ナイチンゲールの説く「生命の法則」とは？

1　『看護覚え書』総括 I 再び

―生活過程とは？　生活過程を整えるとは？―

①課題9共有

- 各自のレポートをグループ内で共有してください。回し読みもいいかもしれません。
- 友人のレポートで、「これは大切！」「私には見えてなかった！」と思ったことを、この欄にメモしてください。

②【序章】に説かれていること

　―病気（一般と現象）・看護・健康の法則＝看護の法則、そして、生命の法則―

③「新鮮な空気とか陽光、暖かさ、静かさ、清潔さ、食事の規則正しさと食事の世話」
と「生活過程」？

―どう同じでどう異なる？　そして「整える」とは？―

2　『看護覚え書』総括Ⅱ

　―ナイチンゲールの説く「生命の法則」とは？―

　①【序章】と【おわりに】における「看護」の説き方、どう同じで、どう異なるのか？

　　看護とは、新鮮な空気、陽光、暖かさ、静かさ、清潔さなどを適切に整え、これら
を活かして用いること、また食事内容を適切に選択し適切に与えること―こういった
ことのすべてを、患者の生命力の消耗を最小にするように整えること、を意味すべき
である。　　　　　　　　　　　　　　　　　　　（『看護覚え書』「序章」*pp.14-15*）

　　看護がなすべきこと、それは自然が患者に働きかけるに最も良い状態に患者を置く
ことである。……新鮮な空気や静けさや清潔など……

　　　　　　　　　　　　　　　　　　　　　　　　　（『看護覚え書』「おわりに」*p.222*）

②「生命の法則」の実態　―"自然"とは何か？　"回復過程"とは何か？―

• ナイチンゲールの説く"自然"とは何でしょう？

「自然の努力」(『看護覚え書』p.13)

「癒すのは自然」(同 p.222)

「自然の回復過程」(同 p.15)

• ナイチンゲールが描く"回復過程"とはどういうことでしょう？

　すべての病気は、その経過のどの時期をとっても、程度の差こそあれ、その性質は回復過程〔reparative process〕であって、必ずしも苦痛をともなうものではない。つまり病気とは、毒されたり〔poisoning〕衰えたり〔decay〕する過程を癒そうとする自然の努力の現われであり……　　　　　　　　　　　　　　　　　(『看護覚え書』p.13)

• reparative process　を直訳すると？

• 再び、ナイチンゲールの説く"自然"とは何でしょう？

③人間の生命力の二重構造性？ ―家庭衛生・看護はどう位置づけられる？―

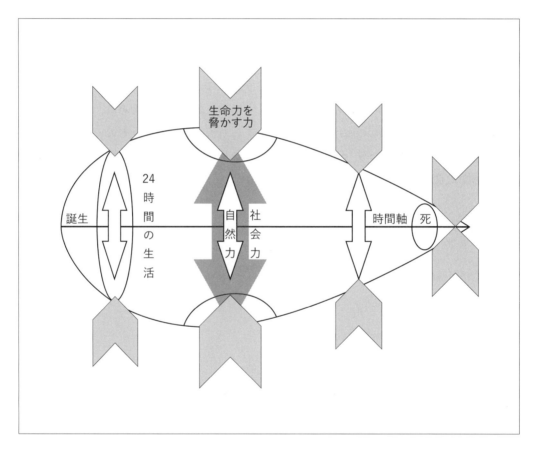

「病気とその回復過程」・「専門的な社会力の位置づけ」

（『ナースが視る病気』pp.12-13，講談社を参考に著者の許諾を得て作図）
＊網かけの矢印で示した「社会力」は、医療・看護などの専門的な「社会力」と見てよい。

外側からの矢印は＜生命力を脅かす力＞、内側からの矢印は人間の生命力である。
人間の生命力は癒そうとする＜自然力＞と自然力をたすける＜社会力＞の統合されたものであり、生命力の矢印が長くなっている部分は、生活のなかで健康状態が増進していることを示している。　　　　　　　　（『ナースが視る病気』pp.12-13）

10. 生活の体系像を創るⅠ　構造：柱を打ち立てる

◆課題10　体系化への準備

第10回授業の到達目標は「生活の体系像を創る」です。その準備として、これまでの『看護覚え書』の各論の学びを、〈生命とは・人間とは〉から位置づける（意味を説く）課題を与えます。

全員、デジタルデータで提出してください。（提出方法については教員の指示に従ってください。）下書き用の原稿用紙に記入し、その書式のままデジタルデータ化して提出してください。（一度手書きしたほうが学習効果が上がります）

〔手順・書式〕

①各自、これまで学んだ『看護覚え書』の中から、以下の章を選択してください。

　（A）【換気と保温】

　（B）【住居の健康】

　（C）【部屋と壁の清潔】・【からだの清潔】

　（D）【ベッドと寝具類】・【陽光】

　（E）【ロンドンの子供たち】・【変化】

　（F）【食事】・【食物の選択】

②ただし、各自が選択した章が重ならないように班員間で相談・調整してください。

③各自は選択した章の意味を、「生命とは・人間とは」から位置づけて、600字程度で説明してください。

④デジタルデータ提出の際、主題に、「生命とは・人間とは」から（　　）『……』の意味を問う、と記してください。（　　）には各自が選択した上記の（A）～（F）を、『……』には、『看護覚え書』の章タイトルを記してください。

⑤さらに、表題として、その「意味」の内容を1行で記してください。

⑥必ず、授業前に、班内で共有しておいてください。（メールの交換で構いません）また、必ず、授業前に、各自は班員全員のレポートを一読しておいてください。

第8回で、「生活の体系像」の土台を明確にしました。第9回で、その頂点を明確にしました。第10回で、頂点と土台をつなぎます。ここが最大の難所です。全員の協力が必要です。自分の努力は班の仲間のため、クラス全体のため…と思って取り組んでください。

date:　　　　　・　　　・

課題10　体系化への準備（下書き用）

～以下をデジタルデータ化して提出してください～

学籍番号（　　　　　　　　）　氏名（　　　　　　　　　）　班名（　　　　　　　）

氏名イニシャル（　　　.　　　.　）

主題　「生命とは・人間とは」から、

　　　（　　　）『　　　　　　　　　　　　　　　　　　　　　　　』の意味を問う

表題

・選択した章の意味　600字程度程度

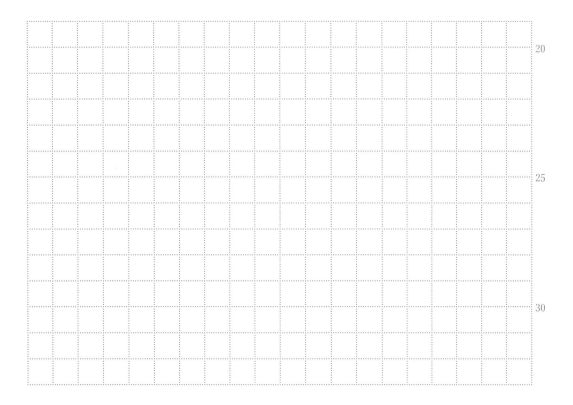

date:　　　　・　　　・

| ワークノート10 | 生活の体系像を創る Ⅰ |

構造：柱を打ち立てる

課題10のテーマ別のテーブルに着席してください

1 「生活の体系像」のデッサン
　― これまでの総括と第10回の到達目標を描く ―
　①土台：各人の生活の事実とライフサイクル：第8回復習
　　― 生活過程の全体像：ライフサイクルの位置づけ ―

　②頂点：人間生命とは〈生命とは〉〈人間とは〉：第9回復習
　　―ナイチンゲールの説く「生命の法則」の二重構造―

　③頂点と土台をつなぐ"間"：『看護覚え書』の各論と体系を貫く構造：第10回テーマ
　　―構造を打ち立てるための課題10―

2 「生活の体系像」の構造を打ち立てる

―各論間のつながりを「人間生命とは？」を媒介に位置づける―

①各論別の課題10の共有

――テーマ毎の担当者間交流を行う――

• 各自が各班の代表者です。他班の成果を自班に持ち帰るために交流してください。

自分の班に戻ってください

②各論間のつながりを「人間生命とは？」を媒介に位置づける

――各論間の連関・相違性・優先度を見る――

• 連関：つながり

• 相違性：ちがい

• 優先度：何が一番大切か？　その次は…？

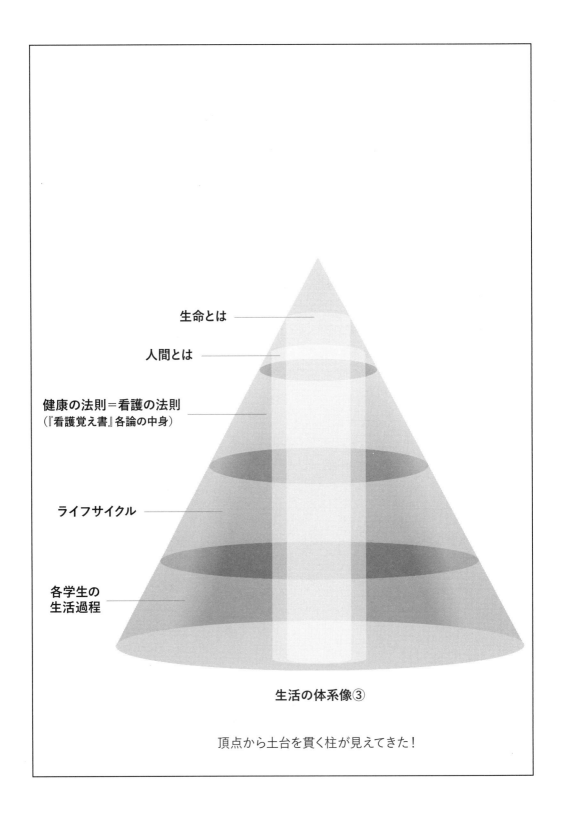

生命とは

人間とは

健康の法則＝看護の法則
（『看護覚え書』各論の中身）

ライフサイクル

各学生の
生活過程

生活の体系像③

頂点から土台を貫く柱が見えてきた！

11. 生活の体系像を創るⅡ　構造：骨組みをつくる

◆課題11　体系化

第11回授業の到達目標も「生活の体系像を創る」です。その準備として、これまでの『看護覚え書』の各論・序章を通した学びを、〈生命とは〉〈人間とは〉から体系的に説く課題を与えます。

全員、デジタルデータで提出してください。（提出方法については教員の指示に従ってください。）下書き用の原稿用紙に記入し、その書式のままデジタルデータ化して提出してください。（一度手書きしたほうが学習効果が上がります）

〔手順・書式〕
①第10回授業を簡単に振り返り、「生活の体系像」をおおよそ思い描いてください。
②第8〜10回の授業を振り返ってください。特に第10回で配布した資料を大切に読み込んで、「生活過程とは？」「生命の法則とは？」「自然とは？」を思い出してください。
③再度、第10回の授業を詳しく振り返り、「人間生命とは？」と序章・各論とのつながりについて、班で討論した内容を思い出してください。
④【生活の体系像③】の内部構造（頂点から土台までの内部のつながり）について、自分なりに理解した内容を、600字程度に整理してください。
⑤この場合、体系像全体を総攬することが難しければ、課題10で自分が選択した各論を中心に論じても構いません。また、それにこだわらず第10回の授業で特に大切なものとして印象に残ったことを中心に論じても構いません。班内で各論の選択が重なっても構いません。
⑥レポートの表題として、大切だと思うことを1行で記してください。
⑦必ず、授業前に班内で共有しておいてください。（メールの交換で構いません）また、必ず、授業前に各自は班員全員のレポートを一読しておいてください。

　さあ、何とも大変な課題ですね。でも、「今」の皆さんなら必ず成し遂げられます。完璧でなくても構いません。これまで学んできたことをすべて一つにまとめてみてください。それを自分自身の心からの言葉で書き上げてみてください。書き終えたとき、きっと目の前に新しい世界の姿（生活という世界の姿）が見え始めてくることを実感できるはずです。

　それは、「生活科学」という一つの山を皆さん自身が築き上げて、その頂きから生活という世界を見下ろすことができ始めるからです。こういうことを「総括」といいます。頑張りましょう。

date:　　　　・　　　・

課題11　体系化（下書き用）

<u>～以下をデジタルデータ化して提出してください～</u>

学籍番号（　　　　　　　　　　）　氏名（　　　　　　　　　）　班名（　　　　　　　　　）

氏名イニシャル（　　　　．　　　．）

<u>主題　「生命とは・人間とは」から、生活を体系化する（生活の体系像を創る）</u>

表題　_____

・「生活の体系像」の内部構造について　　600字程度

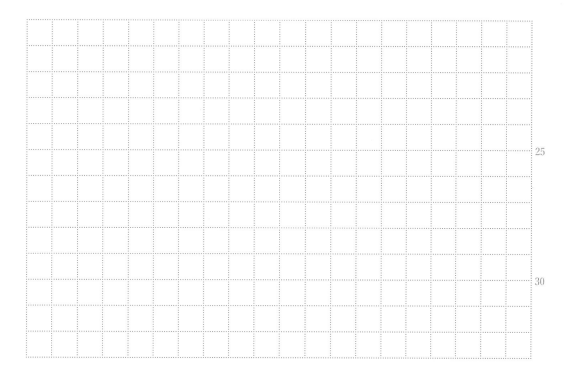

25

30

＊第11回　授業の準備

下表「人間の生活一般」（『看護学原論講義』）を一読してきてください。また、ワークノート1に掲載した「人間の生命力とは」の図と説明を一読してきてください。これらが要となっていきます。

人間の生活一般

（1）生命を維持する過程

①循環は、健康にとってどのような意味をもつか（必要条件）

精神面	意識にのぼらない、異常感がない
物質面	酸素・栄養物・老廃物・熱などの運搬

②呼吸は、健康にとってどのような意味をもつか（必要条件）

精神面	呼吸に異常感がない、呼吸について満足感がある
物質面	酸素の摂取と炭酸ガスの排泄

③体温は、健康にとってどのような意味をもつか（必要条件）

精神面	意識にのぼらない、熱感・冷感がない
物質面	物質代謝に最適な温度の保持

（2）生活習慣を獲得し発展させる過程

④運動は、健康にとってどのような意味をもつか（必要条件）

精神面	意識にのぼらない、姿勢・動作・反射運動・感覚に異常感がない
物質面	姿勢の保持・反射運動・感覚・動作を通じエネルギーの消費、日常生活動作の自立

⑤休息・睡眠は、健康にとってどのような意味をもつか（必要条件）

精神面	不眠の意識がない、疲労感が残らない、活力を感じる
物質面	栄養物の補給、細胞の再生産、エネルギーの蓄積、休息・睡眠の自立

⑥食は、健康にとってどのような意味をもつか（必要条件）

精神面	食物摂取の満足、食を楽しむ認識の満足
物質面	栄養物の摂取、食行動の自立

⑦排泄は、健康にとってどのような意味をもつか（必要条件）

精神面	排泄の異常感がない、排泄に伴う不快感がない、快感がある
物質面	不要物を体外に出す、排泄行動の自立

⑧衣は、健康にとってどのような意味をもつか（必要条件）

精神面	衣をつけることによる快感、美的感覚の満足、場における安定
物質面	体温の調節、皮膚の保護、排泄物の吸着、衣の着脱の自立

⑨清潔は、健康にとってどのような意味をもつか（必要条件）

精神面	清潔行動に伴う快感、清潔や美に対する観念の満足
物質面	皮膚粘膜からの排泄物・付着物を取り除く、清潔行動の自立

（3）社会関係を維持発展させる過程

⑩労働は、健康にとってどのような意味をもつか（必要条件）
　（学習や娯楽を含む―これらの本質は労働と同じ）

精神面	労働の満足感、労働への意志、欲求不満からの解放、生きがい
物質面	生活資料の生産、労働能力の獲得、技能の獲得、エネルギーの消費

⑪性は、健康にとってどのような意味をもつか（必要条件）

精神面	性差に対する満足感、愛の実現、昇華
物質面	種の保存、家族の形成、社会活動の分担

⑫環境は、健康にとってどのような意味をもつか（必要条件）

精神面	生き、かつ生活することに対する不快感がない、生へのよろこび・充実感がある、創造的な生き方ができる
物質面	①生命を維持するための物質代謝を保障する環境であること ②他の生物との共存関係を維持できること ③有害物・有害微生物から保護されること ④生存をおびやかされない人間関係が保持されること ⑤生活を営むのに必要な要求を満たせる社会関係が保持されること ⑥成長をのばす社会関係が保持されること

（薄井坦子著『看護学原論講義』*pp.102-103*，現代社）

　「人間の生活一般」の文章は難しく感じるかもしれません。しかし、これまで学んできた『看護覚え書』各論の内容と生活実践を思い浮かべれば、「(1) 生命を維持する過程の3項目」「(2) 生活習慣を獲得し発展させる過程の6項目」については、それなりに具体的なイメージが描けてくると思います。「(3) 社会関係を維持発展させる過程の3項目」については、後々わかっていく…と思っておいてください。今、焦る必要はありません。

date:　　　　・　　　・

ワークノート11	生活の体系像を創るⅡ

構造：骨組みをつくる

1　生活の体系像を創るⅠ　構造：柱を打ち立てる

　—その成果：何が見えてきたのか？—

　①何が見えてきたのか？　—すべての各論に共通すること＝構造：柱とは？—

- 他班のメンバーのレポートを読んでください。そこで気づいたことをメモしてください。

- 自分のレポートと上の学びで気づいたことを班内で共有してください。

- すべての各論に共通することは何でしょう？

②構造：柱を立てる意味
　―〈生命とは〉〈人間とは〉を頂点として柱を築く"御利益"とは？―

2　生活の体系像を創るII　構造：骨組みをつくる

　―生活のすべてを見通す力を育む―

①健康の法則（各論）同士の連関と区別

　―どのようにつながり、どのように異なっているのか？―

• 各論はそれぞれ構造：柱＝中心軸とどうつながっているのでしょうか？
　つながり方はお互いにどう違っているのでしょう？

• 各論同士は互いにどうつながっているのでしょう？

②「変化・運動」という性質をどう位置づける？　―他の各論との違い？―

• 【ロンドンの子供たち】では、「体を動かす」という意味での運動も含めて、「昼、外で活動し、夜、清潔な部屋で休息する」という1日のライフサイクルを学びました。ライフサイクルには1日、1週間、1か月、1年のリズムもある、と学びました。こういったことも含めて、一般的に「変化・運動が大切」と【変化】で学びました。

•「変化・運動」の大切さは、他の各論の大切さと同じでしょうか？どう考えたらよいでしょう？

③健康の法則（各論）と「人間の生活一般」　―安全・安楽・自立―

• 「人間の生活一般」の「(1)生命を維持する過程」の「循環・呼吸・体温」の3項目と『看護覚え書』の各論とは、どうつながるでしょうか？

• 「人間の生活一般」の「(2)生活習慣を獲得発展させる過程」の「運動・休息・睡眠・食・排泄・衣・清潔」の6項目と『看護覚え書』の各論とは、どうつながるでしょうか？

• 「人間の生活一般」の「(3)社会関係を維持発展させる過程」の「労働・性・環境」の3項目と『看護覚え書』の各論とは、どうつながるでしょうか？

④「生活の体系像」の中で「人間の生活一般」はどう位置づけられるでしょう？

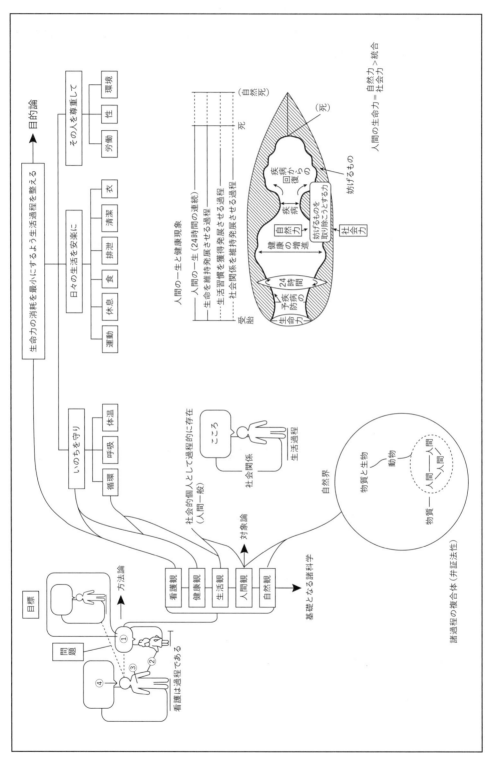

個別科学としての看護学の構造（薄井坦子著『科学的看護論』p.109, 日本看護協会出版会）

Part 4

生活科学修了へ：
未来の看護の礎として

12. 生活の体系像を深めていくⅠ　総括テーマを定める

◆課題12-Ⅰ　これまでの学びの総括　or　旧年をどう過ごしたか
◆課題12-Ⅱ　これからの学びの展望　or　新年の目標
第12回授業から授業全体の総括に入ります。その準備として、指定の原稿用紙に、
以上の2つの課題レポートを作成してください。

〔手順・書式〕
シラバスを見て、学校・大学の入学から卒業までの学びの流れが分かる資料を読
んでください。（ex.「看護学実習の展開法」・「履修年次別授業科目構成表」）
課題12-Ⅰ及び課題12-Ⅱについて、それぞれ400字程度（多くとも500字）で、
万年筆ないし毛筆（筆ペンも可）で執筆してください。（ボールペン・シャープペ
ン不可）
それぞれの課題について大切なことを、表題として1行で書いてください。

　課題のタイトルにちょっと戸惑ったかもしれませんね。
　10月に授業が始まった皆さんには、課題12-Ⅰは「20XX年をどう過ごしたか」、課題
12-Ⅱは「20XX+1年の目標」となります。4月開講だった皆さんや、独学で取り組んでいる
人（！）には、「これまでの学びの総括」と「これからの学びの展望」という課題になります。
　どの時期から学びを開始したとしても、第12回まで来れば、「生活の体系像」が構造
的にできあがった段階といえます。ここで、自身の人生を、そして学びを大きく振り返っ
て、今後の学びへの展望を描くということはとても大切です。

Discipline（習熟・修練）の大切さ
　さて、第11回を終えてみて、いかがでしょう。このワークノートの「はじめに」で、「2
か月ほど経ったころには、あの難しかったはずの『看護覚え書』の「序章」が『なんだ、こう
いうことだったのか……』とわかり始める」と記しましたが、実現してきたでしょうか。
　「うんうん」とうなずいている人もいれば、「まだ心もとないな……」という人もいるで
しょう。でも、「序章」が全く意味不明、という人は、もういませんよね。
　そう、皆さんは既に仮免許段階に到達しています。「序章」で説かれた「生命の法則」か
ら「健康の法則」を通って、自分の生活を具体的に健康に整えていく力が生まれ始めてい
るのです。「生活の体系像」、それは皆さんの努力の賜物、そして協力の賜物です。
　ただ、これは放っておくと、1か月後にはぼやけ始め、2か月後には跡形もなく……と、
確実に消えてしまいます。皆さんが力を合わせて築いてきた「生活の体系像」、『看護覚え書』
を生活に実現していく力ですが、復習を怠れば本当に簡単に消えてしまうものなのです。
　だからこそ、日々の生活で〈生命とは〉〈人間とは〉から意味をとらえ返す努力を積
み重ねて、自分の本当の実力、本免許レベルへと育てていってほしいと願っています。

date:　　　　・　　　・

課題12-Ⅰ これまでの学びの総括　or　旧年をどう過ごしたか

学籍番号（　　　　　　　　　）　氏名（　　　　　　　　　）　班名（　　　　　　　　　）

表題　_____

・これまでの学びの総括　or　旧年をどう過ごしたか　400字程度

date:　　　　　・　　　　・

課題12-Ⅱ これからの学びの展望　or　新年の目標

学籍番号（　　　　　　　　）　氏名（　　　　　　　　）　班名（　　　　　　　　）

表題 _____

・これからの学びの展望　or　新年の目標　400字程度

date:　　　　　・　　　・

| ワークノート12 | 生活の体系像を深めていくⅠ |

総括テーマを定める

1　自己の生活を展望し、現在の課題を描く
　　―3年間、4年間の計は1年次にあり！―
　　①課題12を書いてみてどうだったか？

　　②総括すること・目標を立てることの意義
　　　　―人間とは認識的実在・目的意識的実在である―

　　③生活の体系像の頂点：本質への道
　　　　―"夢の実現"を支える"健康な生活"をすべての人びとに―

2　生活の体系像を深めていくⅠ
　―総括テーマを定める―
　①総括発表討論会について　―日程・場所―
　• 各班の班長は、希望の日程を授業後に教員に報告してください。

　②総括：この授業で何を学んできたのか　―ワークノート目次と実践を踏まえて―

　③自主ゼミ：生活の体系像を深めていくⅠ　―総括テーマを定める―
　• 各班の班長は、「班名・テーマ・構成員」を授業後に教員に報告してください。

memo

13. 生活の体系像を深めていくⅡ　学びを深めまとめていく

課題はありません。

班長の人はテーマと総括発表討論会の希望日時を教員に連絡してください。テーマは仮のものでよいです。第13回授業で、内容を詳しく検討してください。大切なことは、皆さん自身の今後に役立っていく学びにしていくことです。

生活科学という授業、皆さん、受けてみてどうだったでしょうか？

難しかったでしょうか？　簡単だったでしょうか？　分かり易いものだったでしょうか？　「難しかった…」という思いも、「分かり易かった…」という思いも様々に浮かんできて、「とても答えられない…」ということになってしまいますか？

そうだとすれば、それこそ皆さんがよく学んできた証拠だと思ってください。ここまで投げ出さずに来られたということは、「難しかった！」の裏に、「でも、分かってきた…」という思いがあるからでしょう。「分かり易くて面白かった！」と思えた人も、実は振り返ってみると、「あんなに難しいと思っていたことも、生活の具体を通して見ると案外分かり易かった！」ということなのではありませんか？

「生活科学」は、皆さん自身の生活という、誰もが体験している事実に基づいています。誰もが直接味わえる、とても分かり易い分野なのです。これが「看護」だと、対象となるのは自分ではなく患者さんですから、直接体験して味わうことができません。まずは、自己の日常生活から学びをつかみとっていく、それが「生活科学」なのです。

しかし、学問として学ぶ以上、事実の把握段階にとどまってはいられません。事実を貫いている性質をつかんでこなくてはなりません。「〈生命とは〉〈人間とは〉から考える…」といわれても、最初は何のことか、サッパリだったでしょう。でも、繰り返していくうちに、徐々に【換気と保温】も【住居の健康】も【部屋と壁の清潔】も【からだの清潔】も…と、すべての各論が皆、「ああ、〈生命とは〉〈人間とは〉から分かっていくんだよなあ…」となってきましたね。

ここから柱を立てるとか、梁・骨組みをつくるとか…本当に大変難しかったことと思います。素材としての事実は皆、具体的で分かり易いのに、それらを論理的に整理して体系化するということは、誰もやったことがないはずだからです。でも、それをやり遂げた皆さんは、生活の何もかもを〈生命とは〉〈人間とは〉から見てとれるようになり始めましたね。

これは二重の意味で大きな成果です。

１つは、皆さんが学校・大学で学ぶ一般教養科目や専門基礎科目の内容は、すべて「生活の体系像」のどこかに入っていきます。どこかを詳しく説いている…とみると、その科目が生活のためにどういう意味を持つのか分かるのです。専門科目は、そのどこか流れにくくなったところを流すことを学ぶのです。つまり、「すべての科目を整理できるタンスを手に入れた」ということです。

２つめは、生活科学で学んだ体系構造というものは、その築き方も含めて、一般的にはどんな学問分野でも同じです。なので、生活科学での学び方を適用すれば、他の学問も自分の実力に転化していくことが可能となるのです。

そういう宝物を自分の頭脳に築く…と思って、第13回授業に臨んでください。

date:　　　　・　　　・

ワークノート13	生活の体系像を深めていくⅡ

学びを深めまとめていく

1　総括発表討論会に向けて
―3年間・4年間の計は1年次にあり！再び―

- 第13回の冒頭ページとワークノート12の前半（1ページ目）を読み返して、思うところを共有してください。

- どんな総括発表討論会になれば今後の学びに役立っていくかについて、考えを出しあってください。

2　総括発表討論会について
―日程確定・テーマ確認・発表の順番・役割分担―

<u>日程案</u>

<u>場所</u>

<u>時間制限</u>

<u>テーマ確認</u>（各班の仮テーマをまとめた表が配られたら、ワークノートに貼ってください。）

<u>発表の順番</u>

<u>役割分担</u>：発表順で、次の次の班が、タイムキーパーをしてください。

3 生活の体系像を深めていくⅡ
　―学びを深めまとめていく―

- 配布資料をクラス全員の人数分プラス3部、準備してください。A4サイズ両面印刷です。3部を教員に提出してください。
- 配布資料は手書きでも構いません。
- パワーポイント等の場合、ファイルを教員に提出してください。
- パワーポイント原稿を配布資料とする場合は、印刷対象を「配布資料（6スライド/ページ）」として、両面印刷してください。
- 発表用原稿のデジタルデータ（手書きの場合はコピー）を教員に提出してください。発表会終了後でも構いません。

memo

14. 生活の体系像を深めていくⅢ　発表を通して学びを共有し総括する

　　総括発表討論会の主役は皆さんです。無理に背伸びする必要はありません。皆さん自身がこれまで積み重ねてきた学びと実践を、今できる限りの実力でまとめていってください。
　　大事なことはクラス皆で力を合わせて、「健康な生活とはどういうものか」についてデッサンできることです。もっと言えば、これからの生活でインフルエンザ等の感染症にかからないような実力がついていけばいいのです。それが「本免許」レベルということです。

　　失敗したって構いません。その失敗をしっかりと見つめることが大切です。先輩たちの中には、生活科学の授業を受けていたにもかかわらず、冬休みにインフルエンザに罹ってしまった…という人もいました。ちょうど同じ班、つまり仲良しの数名が一気に、…でした。
　　そこで、一体なぜそんなことになってしまったのかを、彼女たちはしっかり反省してみたのです。すると、その仲良し数名が一緒に遊んだ日に、「健康の法則からしっかりと外れていた」という事実を呈示できたのです。具体的には、昼間一緒に力の限り遊んだ後、一人の部屋に集まって、換気も暖房も食事も寝具もいい加減な状態で、夜遅くまで楽しく過ごした結果…ということでした。「もう二度と失敗しません！」と誓っていました。
　　付け加えておくと、彼女たちはインフルエンザに負けっぱなしではなかったのです。苦しんでいる最中に、「健康の法則に反した結果だ」と反省して、自分なりに、また家族や友人の助けを借りて、一生懸命セルフケアに取り組んだのです。これも一つの発表です。
　　きれいな結果を示すことや、カッコいい発表をすることが目的ではないのです。現実の自己の生活の事実を客観視して、そこから健康な生活の指針を取り出すことです。そういう地道な学びこそが大切なのです。少し肩の力が抜けてきたでしょうか？

　　とはいえ、皆で討論していく過程では、だんだん頭が混乱して、自分が何をしようとしているのかわからなくなってしまう時も来るでしょう。
　　そんなときは、焦らず、これまでの授業で何を行ってきたか、どれだけ自分たちが生活改善に取り組んできたか、冷静に振り返ってみてください。このワークノートをたどり返してみてください。あるいは、課題10や課題11をクラス全員分まとめた授業資料を読み返してみてください。「私たちは、こんなに頑張ってきたんだ…」とビックリすると思います。その努力の跡を、授業を受けていない人に分かるようにまとめるだけでも、素晴らしい内容になっていくはずです。それは皆さん自身だけでなく、他の人のためにも役立っていくでしょう。

　　さあ、皆さん。数か月という短い、しかし、とても密度の濃い学びが終わりの時を迎えようとしています。自分たちがやってみたいテーマに向かって、夢中で歩んでみてください。やり遂げたとき、皆さんは確実に"先輩"として、まだ見ぬ新入生に胸を張って道を示せる存在になっているはずですから…。

date:　　　　・　　　・

ワークノート14	生活の体系像を深めていくⅢ

発表を通して学びを共有し総括する

総括発表討論会　―健康な生活とは？―

1　自身の班（　　　　　）の評価表

項目	メモ・コメント
「健康な生活」の像を体系的に描くことができたか？	
「健康な生活」の像に従って、自己の生活を効率的に整える工夫ができたか？	
他の班の人にも伝わるように発表できたか？ 他の班の発表を理解できるように質疑応答できたか？	
総括: 自己の未来への展望と課題を得ることができたか？	

2　他班からの学びについて（必要分をコピーしてください）

班名とテーマ	(　　　　　　　　　　) (　　　　　　　　　　　　　　　　　　)
理解が 深まった点	
疑問点	
疑問点に関する 回答	
発表に対する コメント	
班名とテーマ	(　　　　　　　　　　) (　　　　　　　　　　　　　　　　　　)
理解が 深まった点	
疑問点	
疑問点に関する 回答	
発表に対する コメント	

3　"生活の本質"再び：健康な生活とは？
　　―生活科学の学びを自己の人生に活かしていくために―

- 「2　他班からの学びについて」を班内で共有して、復習してください。
　必要に応じて、他班との質疑応答をしてください。

- 自身の班の評価表 を班内で話し合いながら、仕上げてください。
　そして、「健康な生活とは？」について、話し合ってください。

memo

15. 総括　健康な生活とは？

◆最終課題：総括　健康な生活とは？

授業全体の総括です。以下の要領で課題レポートを作成してください。指定の原稿用紙に記入し、そのコピーを提出してください。

〔手順・書式〕

① 他班の内、最も学びが大きかった班を1つ選んでください。

② ①で選んだ他班の発表内容と自身の班の発表内容を踏まえて、「健康な生活とは？」について思うところを、600〜800字内で記してください。

③表題を1行で記入してください。

date:　　　　　　・　　　・

最終課題：総括　健康な生活とは？

学籍番号（　　　　　　　　　　）　氏名（　　　　　　　　　　　　）

自身の班（　　　　　　　　　　　　　）班

自身の班の発表タイトル _____

最も学びの大きかった班（　　　　　　　　　　　　　　　）班

その班の発表タイトル _____

表題 _____

・「健康な生活とは？」について思うところ 600〜800字

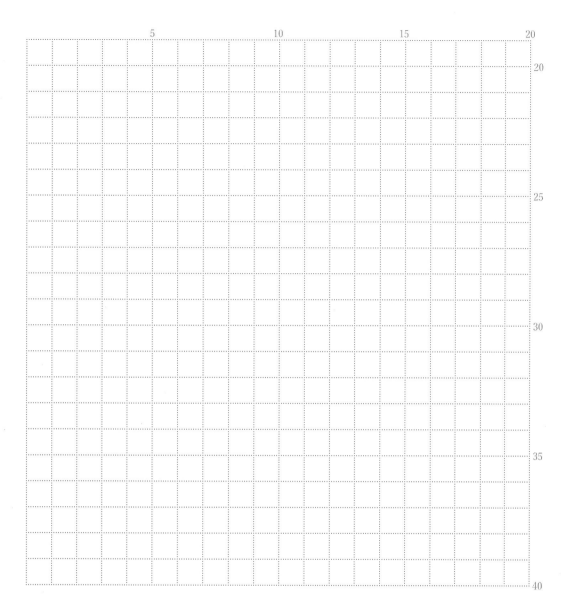

memo

おわりに

　学びを終えた今、皆さんはどんな思いでこの「おわりに」を読んでいるのでしょう。「とても長い道のりだった……」「あっという間の数か月だった……」、どちらも本当のところなのでしょう。

　「私は本当に実力がついたのだろうか？」と不安な人もいるのかもしません。でも、あなたは、確かに『看護覚え書』を学んできたのです。仲間と共に、教員と共に。そして、数か月前の自身の生活を思い出して、今の生活と比べてみてください。

　1日中換気をしないで過ごせますか？　カーテンを1日中閉めっぱなしにできますか？　タンスの上やテーブルの上のホコリを見過ごせますか？　布団を1か月も干さずにいられますか？……もう、今のあなたには無理でしょう。思っただけでも「堪らない！」でしょう。それが成果です。

　今、皆さんにはそれら「健康の法則」が確かに身につき始めているのです。しかも、「生命の法則」から意味を理解できる力も育ち始めています。それは、この数か月皆さんが本当に努力したからこそ、なのです。その努力をぜひ認めてあげてください。そして、大切にしてください。それは、あなた自身の人生をしっかりと歩んでいくために、であるとともに、皆さんがこれから接していくことになる多くの人びとの人生をしっかりと支えていくために、でもあります。

　本当ならば、『看護覚え書』はひと家庭に1冊あってもいい書物だと私は思っています。そして、『看護覚え書』を通して生活を健康にしていく学びというものは、「家庭での常識」であってほしいものです。それはまさにナイチンゲールが望んだことであったはずです。

　でも、『看護覚え書』の文章自体が難解ということもあって、実際はなかなか難しいことです。だからこそ、看護を専門とする皆さんに、まず学んでほしかったのです。今、皆さんは自分の生活を整えるだけでなく、おそらく家族や友人の生活を見て、「整えなくちゃ！」と、いつの間にか考え始めたり動き始めたりしてしているのではありませんか。

　そう、もう皆さんは「ナイチンゲールの使徒」になり始めているのです。知らず知らずのうちに。そんな皆さんに、ナイチンゲール自身が後生に贈ったエールを紹介します。

　　私たちはいま看護の入口に立ったばかりである。
　　将来―私は年老いているのでこの目でみることはないであろうが―、さらに道は開けてくるだろう。すべての幼児、すべての人たちが健康への最善の機会を与えられるような方法、すべての病人が回復への最善の機会を与えられるような方法が学習され

実践されるように！　病院というものはあくまでも文明の発達におけるひとつの中間段階にすぎず、実際どんなことがあってもすべての病人を受け入れてよいという性質のものではない。

　われわれはすべての母親が健康を守る看護婦となり、貧しい病人はすべて自宅に地域看護婦を迎えるその日の来るのを待とう。しかしそれは登録によってもたらされるものではないであろうし、またその看護婦も決して型にはまった看護婦ではないであろう。われわれは、看護の足跡をあちらこちらで見かける。しかし、病人の回復に必要な基本的な条件を提供する方法を知っている国家、種族、階級のようなものは見当たらないし、そこの母親たちが自分の子供を健康に育てる方法を知っているというところも見当たらない。

　《われわれ》がみんな死んでしまったとき、自ら厳しい実践の中で、看護の改革を組織的に行なう苦しみと喜びを知り、われわれが行なったものをはるかにこえて導いていく指導者が現われることを希望する！　すべての看護婦は神の支配内のひとつの原子であってほしい！　しかしそこで看護婦は孤立せず自らの場を占めなければならない。この高邁な願い、それは裏切られることはないであろう！

（薄井坦子 他編訳「病人の看護と健康を守る看護」
『ナイチンゲール著作集 第2巻』*pp.144-145*, 現代社）

　すべての幼児、すべての人たちが健康への最善の機会を与えられるような方法、すべての病人が回復への最善の機会を与えられるような方法が学習され実践されるように！――ナイチンゲールが後生に託したこの夢を実現していくのは皆さんだと私は思います。それが実現し普及していけば、病院に行かねばならなくなるまで病気が重くなる人はどんどん減っていくでしょう。また、人びとが皆、より健康に元気に生活していくことができれば、皆が本当に "夢の実現" に邁進でき、充実した人生を全うできるようになるでしょう。社会の土台となる人びとの健康を司る専門家になっていくのが皆さんだと、私は思うのです。

　皆さんの責任は重大です。でも、ここまで一緒に学んできた皆さんなら、きっと立派に成し遂げてくださるだろうと思います。

　この「生活科学」の学びが土台となって、皆さんの看護の学びが豊かに実っていくことを心より願っています。

2020年、ナイチンゲール生誕200年の春に

小河 一敏

著者略歴

小河 一敏（おごう かずとし）

宮崎県立看護大学　普遍分野「自然界と看護」

1996年 大阪大学博士（理学）京都大学原子炉実験所COE研究員
1997年 宮崎県立看護大学着任
2014年 京都大学高等教育研究開発推進センター第3期MOSTフェロー
2019年 日本看護学教育学会 第29回学術集会「看護ハナマル先生」模擬授業講師

「ナイチンゲール看護大学」として宮崎県立看護大学が開学して以来20年以上にわたり、看護のための一般教養教育に努める。学生らが学ぶ「看護」という世界を知るため、自ら願い出て病院研修を含めた学びを進める。この過程で近代看護の祖F.ナイチンゲール著『看護覚え書』と出逢い、『看護覚え書』を学生が理解できるための自然科学教育、『看護覚え書』を学生が体得しうるための生活科学教育の構築に至る。
高等教育の世界において理念として大切と掲げられながら、実際どう役立つのか悩み多きものとされる一般教養教育が、看護学という実践の学の学びに土台として真に役立ちうることを、学生の成長の事実を示すことで明らかにしてきた。結実した成果が本書である。著書『看護学生、宇宙を学ぶ』（アノック刊）で一般教養教育と看護とのつながりをわかりやすく説き示した。
「青春とは己が能力の限界への残酷なまでの挑戦である」（南郷継正）が座右の銘。

『看護覚え書』に学ぶ生活科学ワークノート
──健康の法則を自己の日常生活を通してつかみ、活かす──

2020年4月5日　第1版 第1刷発行
2022年4月5日　第1版 第3刷発行

著　者　　小河 一敏
発行者　　上村 直子
発行所　　株式会社アノック
　　　　　〒102-0074
　　　　　東京都千代田区九段南1丁目5番6号　りそな九段ビル5階
　　　　　電話 050-3631-8658　　振替 00100-4-792501
装丁・デザイン　長井 究衡
印　刷　　モリモト印刷株式会社

ISBN 978-4-9910585-0-9